LinkedIn Marketing Business

Comment créer votre stratégie de marketing de contenu et de vente sociale en seulement 30 minutes par jour, en utilisant la méthode DASKY, et générer des relations d'affaires authentiques et des clients rentables à partir des contacts froids de LinkedIn

« Si vous n'évoluez pas avec le temps, vous disparessez avec le temps.
Et si vous ne réussissez pas du premier coup, n'oubliez pas :
Il faut 6 mois pour construire une Rolls Royce et
13 heures pour construire une Toyota. »

www.Salerno-Consulting.com

Table des matières

INTRODUCTION 4

OBJECTIF DU LIVRE 11

RAPPORTS DE TERRAIN 15

CHAPITRE UN APPRENDRE À CONNAÎTRE LE SOCIAL SELLING ET L'ACHETEUR MODERNE D'AUJOURD'HUI..18

CHAPITRE DEUX COMMENT QUALIFIER LES PROSPECTS DE MANIÈRE SÉLECTIVE ET SUSCITER L'INTÉRÊT 38

CHAPITRE TROIS LE PROFIL LINKEDIN PARFAIT : LA PREMIÈRE IMPRESSION DOIT ÊTRE LA BONNE 53

CHAPITRE QUATRE LA NÉTIQUETTE LINKEDIN : QUAND LES BONNES MANIÈRES APPORTENT PLUS DE CHIFFRE D'AFFAIRES 84

CHAPITRE CINQ COMMENT TROUVER VOS CLIENTS IDÉAUX SUR LINKEDIN 102

CHAPITRE SIX UTILISER LA MÉTHODE DASKY POUR CONVERTIR LES PARTIES INTÉRESSÉES EN CLIENTS 117

CHAPITRE SEPT COMMENT GAGNER AUPRÉS DE VOTRE GROUPE CIBLE AVEC LE CONTENT MARKETING 142

CHAPITRE HUIT COMMENT UTILISER CORRECTEMENT LES #HASHTAGS 169

CHAPITRE NEUF COMMENT ACCROÎTRE VOTRE EXPERTISE, CRÉDIBILITÉ ET CONFIANCE...174

CHAPITRE DIX COMMENT CRÉER VOTRE PLAN D'ACTION DE SOCIAL SELLING 195

CHAPITRE ONZE L'ARGENT À METTRE EN ŒUVRE DANS 208

CHAPITRE DOUZE LE « ROI » DU SOCIAL SELLING SUR LINKEDIN 214

À PROPOS DE L'AUTEUR 222

CLAUSE DE NON-RESPONSABILITÉ 224

CETTE ŒUVRE EST PROTÉGÉE PAR LE DROIT D'AUTEUR 225

Introduction

Nous étudions pour des emplois qui n'existeront plus. Nous produisons du contenu pour des plateformes qui vont disparaître. Nous sommes en concurrence sur des marchés qui n'existeront plus à l'avenir. Nous vivons dans un monde de contrastes qui est devenu la norme à l'ère du numérique. La seule vérité qui perdure dans le temps est la construction de relations authentiques de personne à personne.

Si vous êtes un décideur, un cadre, un entrepreneur, un coach, un consultant, un formateur, une agence ou un fournisseur de services et que vous souhaitez « faire les choses correctement » sur le marché, transformer des contacts LinkedIn froids en relations d'affaires authentiques et en clients rentables, ce livre est peut-être le plus éducatif que vous lirez jamais.

Mais avant, un mot d'avertissement.

Je ne suis ni écrivain, ni universitaire. Je suis un stratège et un vendeur. La raison pour laquelle j'ai écrit *LinkedIn Marketing Business* est liée à la mort de mon chien adoré, Mano.

Vous vous demandez … *quel rapport y a-t-il entre le marketing sur LinkedIn et la mort d'un chien ?*

Voici toute l'histoire.

Le 4 juin 2019, Mano, notre Lagotto Romagnolo, est décédé des suites d'un empoisonnement ayant provoqué une insuffisance rénale.

La perte de mon ami et compagnon depuis treize ans a certainement été la pire chose que j'ai vécue sur le plan émotionnel depuis ma naissance.

Ce fut une période difficile. De nombreuses questions ont été soulevées, dont beaucoup sur le sens de la vie. Beaucoup de questions aussi sur le sens de ce que je faisais à l'époque.

Pour faire face à mon chagrin, je me suis muré dans le silence. Mes pensées déterminaient mes sentiments et le danger rampant de tomber dans l'apathie et la léthargie augmentait de jour en jour.

Un jour, je me suis posé la question suivante :

« Massimiliano, à quand remonte dernière fois où tu as fait quelque chose pour la toute première fois ? »

Instinctivement, je voulais mettre ma relation et mon histoire avec Mano dans un livre. Un livre pour les propriétaires de chiens, intitulé « *Quand les chiens meurent* ».

En cherchant des conseils et des astuces sur la façon d'écrire et de commercialiser un livre, j'ai trouvé un merveilleux site web en ligne avec une vidéo qui a instantanément activé mes « gènes d'écriture ».

En septembre 2019, j'ai fait un investissement supplémentaire dans mon travail d'indépendant et ma croissance personnelle. J'ai suivi un programme de six semaines (en anglais) où l'on m'a montré, étape par étape, comment construire professionnellement et faire évoluer une entreprise de consultant dans n'importe quelle industrie.

Plus d'informations sur **www.Salerno-Consulting.com**

Ce programme de six semaines a changé ma vie. Peut-être qu'il changera la vôtre aussi, peut-être pas. C'est à voir. Car comme tout dans la vie, ce que vous apprenez doit toujours être mis en pratique. Et si vous êtes une personne qui souffre de procrastination, alors même ce programme unique de six semaines ne vous sera d'aucune utilité.

Et donc, voici comment procéder.

Connectez-vous gratuitement à **www.Salerno-Consulting.com** pendant 7 jours et évaluez avec précision ces deux choses : a) votre anglais est-il assez avancé pour comprendre le programme de six semaines et b) demandez-vous en toute honnêteté si vous êtes vraiment prêt à changer durablement et positivement votre vie professionnelle ?

Si vous avez répondu un « oui » franc à ces deux questions, un bon d'achat de 500 dollars vous attendra après la connexion. Le moment venu, vous pourrez utiliser ce bon lors de la réservation du programme de six semaines et obtenir une réduction de 500 dollars.

Plus d'informations sur **www.Salerno-Consulting.com**

Cela fait maintenant plus d'un an que Mano m'a quitté. J'ai reporté (mais pas annulé) l'idée originale d'écrire un livre pour les propriétaires de chiens.

Parce que Dasky vient de rejoindre notre famille.

Qui est Dasky ?

Dasky, comme Mano, est un mâle Lagotto Romagnolo, un chien truffier. Dasky a quatre ans, il est têtu, mais il a l'esprit d'équipe, comme son maître.

Un jour, alors que je me promenais avec Dasky, j'ai observé sa sociabilité accrue et sa compagnie enjouée avec des personnes partageant les mêmes idées. J'ai remarqué qu'il utilisait la même « méthode », aussi efficace pour jouer que pour acquérir de nouveaux clients sur LinkedIn.

Avec sa façon de se présenter, il attirait comme un aimant les amis à quatre pattes qu'il avait définis comme « compagnons de jeu idéaux ». Et grâce à ma stratégie relationnelle sur LinkedIn, j'ai attiré comme un aimant les personnes que j'avais définies comme « clients idéaux » pour moi.

« Voilà, c'est ça, je le tiens » ai-je pensé.

Le projet de livre *LinkedIn Marketing Business* venait de naître.

Coïncidence ? Non.

J'ai donc décidé d'écrire mes « recettes d'affaires avec LinkedIn » dans un livre. Pendant dix-huit mois, grâce à ma méthode personnelle LinkedIn, j'ai acquis avec beaucoup de succès une toute nouvelle clientèle de « grands comptes », pour mon employeur de l'époque.

Sans vraiment m'en rendre compte, j'avais amassé une énorme quantité de connaissances sur le marketing et la vente sociale (social selling) de LinkedIn au cours de ces dix-huit mois.

Mes KPI (indicateurs de performance) étaient jusqu'à 300 % meilleurs que ceux de mes collègues qui travaillaient depuis des années selon le classique démarchage téléphonique.

NE PAS mettre ces connaissances dans un livre pour les présenter au monde des entreprises pouvait être considéré comme « non-assistance à personne en danger », et comme nous le savons tous, cela est punissable par la loi :-)

Au fait...

Quand vos clients idéaux peuvent-ils aussi profiter de vous ? Car si vous avez une offre significative qui aide vraiment vos clients idéaux et donne des résultats, alors il est de votre devoir de faire absolument TOUT pour la vendre le plus souvent possible.

Le moment est venu.

Si vous lisez ces lignes, cela signifie que vous pouvez faire partie de l'histoire de ce livre. Je souhaite que vous achetiez ce livre. Je vous souhaite de lire ce livre et de le mettre en œuvre avec succès pour votre entreprise.

Je souhaite que vous aussi vous appreniez à connaître la « magie de LinkedIn », et que vous en tiriez votre propre histoire d'entreprise à succès. Je vous souhaite beaucoup de succès dans cette entreprise aujourd'hui !

Ce que vous obtiendrez avec ce livre :

Le contenu de ce livre décrit étape par étape la façon dont vous pouvez créer votre stratégie de marketing de contenu (content marketing) et de vente sociale (social selling) en ligne en seulement 30 minutes par jour, en utilisant la méthode DASKY pour générer des relations commerciales authentiques et des clients rentables à partir des contacts LinkedIn.

Mais vos résultats personnels peuvent être différents des miens et dépendent de nombreux facteurs, tels que votre parcours professionnel, votre état d'esprit, votre expérience de la vente et votre éthique professionnelle.

Ce n'est certainement pas un livre pour les « chasseurs de trésors et richesses rapides » mais un livre pour les cadres, les entrepreneurs, les consultants, les formateurs, les agences ou les prestataires de services sérieux ayant une offre significative à l'esprit.

Ce livre ne ressemble à rien de ce que vous avez déjà lu sur le marketing sur LinkedIn. Vous apprendrez non seulement quel pouvoir votre entreprise peut acquérir grâce aux relations LinkedIn, mais aussi comment « l'acheteur moderne » achète en un seul clic.

Connaître les besoins de votre client idéal, les comprendre et rallier ces clients à vous et à votre offre sans pression de vente, tout cela vous sera expliqué pas à pas à chaque chapitre.

À l'aide d'exercices et de conseils, je vous montre QUOI faire, COMMENT faire, QUAND le faire et surtout POURQUOI le faire dans le cadre de votre « voyage LinkedIn ».

Le contenu est simplement écrit et parsemé d'exemples et de modèles de texte. Vous pouvez lire ces quelques 200 pages en deux jours et mettre les connaissances en pratique immédiatement.

Tout le contenu de ce livre peut être entièrement mis en œuvre avec un compte de base LinkedIn gratuit. Par conséquent, aucun compte Premium LinkedIn n'est nécessaire.

Qui bénéficiera de ce livre ?

Le contenu du livre n'est pas une sombre théorie, mais un concept d'acquisition que j'ai testé à plusieurs reprises lorsqu'il s'agit d'établir des relations commerciales, de générer des prospects et d'acquérir des clients avec LinkedIn.

Aucune connaissance préalable sur l'utilisation de LinkedIn est nécessaire. Vous pouvez commencer « à partir du jour zéro » avec ce livre. La seule chose dont vous avez besoin est un compte LinkedIn.

C'est tout.

Les décideurs, cadres, entrepreneurs, coachs, consultants, formateurs, agences ou prestataires de services qui proposent une offre significative et comprennent que les relations sont la monnaie d'Internet rencontreront un maximum de succès avec le contenu de ce livre, je vous le promets.

Êtes-vous prêt ? Bien ! Alors, commençons !

Massimiliano Salerno
www.Salerno-Consulting.com

Objectif du livre

L'objectif de ce livre peut se résumer en trois domaines : Construire des relations authentiques, créer un contenu de qualité et vendre de manière moderne de nos jours. Ces thèmes représentent le passage de « l'ancien » au « nouveau modèle de vente » et la transformation numérique qui en résulte.

L'interaction ainsi que l'établissement et le maintien de relations sont essentiels aujourd'hui. Il n'est plus acceptable de se connecter avec un client potentiel sur LinkedIn et de l'inviter à une visite de vente "immédiatement". Il suffit de suivre les cinq étapes et les étapes de la méthode DASKY exposées au chapitre cinq.

L'état d'esprit dans votre processus de vente doit désormais passer de « *que puis-je vous vendre* » à « *comment puis-je vous aider ?* » Cela signifie que pour connaître les clients potentiels et comprendre comment les servir au mieux et répondre à leurs besoins, vous devrez investir du temps et de l'énergie.

Le vieux principe de base selon lequel les gens « achètent à ceux qu'ils connaissent, qu'ils apprécient et en qui ils ont confiance » n'a jamais été aussi pertinent. Le contenu des textes, des images et des vidéos est plus important que jamais.

Vos acheteurs potentiels sont en ligne et font des recherches avant même de vous parler. C'est pourquoi il est nécessaire de produire un contenu de qualité qui donne à vos clients potentiels des connaissances et une expertise dès le départ.

Personne ne peut vivre d'amour et d'eau fraîche. Chaque activité doit évidemment générer un ROI (*Return on Investment* ou retour sur investissement) clair pour chaque projet de vente sociale (social selling). Chaque entreprise doit être en mesure d'établir un lien entre ses activités sur les réseaux sociaux et les revenus.

En ce qui concerne les réseaux sociaux et le social selling, ce sont les ventes et les revenus, et non le nombre de contacts et de followers, qui constituent les indicateurs clés de performance (KPI) que vous devez vérifier en tant que décideur et entrepreneur.

Vous apprendrez à connaître les KPI (*Key Performance Indicators*) importants que vous mesurerez et suivrez en permanence. Ce n'est que de cette manière que vous verrez ce qui fonctionne, ce qui doit être ajusté et quand vous obtenez un retour sur investissement significatif.

Cela vous motivera à mettre en œuvre et à optimiser en permanence votre plan d'action de social selling.

Avec ce livre, j'espère vivement vous montrer la puissance qui découle d'une « utilisation correcte » de LinkedIn pour vos projets de vente sociale. Je vous en décrirai les différentes étapes d'une manière qui soit facile à comprendre et à mettre en œuvre pour vous.

Je suis convaincu que si vous mettez en œuvre ce que vous apprenez dans ce livre, vous constaterez une différence significative de retour sur investissement dans vos efforts de marketing et de vente.

Et par retour sur investissement, j'entends à la fois le retour sur investissement et le retour sur impact dans les relations interpersonnelles.

Vous apprendrez dans ce livre :

- Comment l'acheteur moderne achète d'un simple clic
- Comment adapter vos processus de vente à LinkedIn
- Comment connaître vos clients idéaux mieux que quiconque
- Comment créer une offre significative à partir d'un devis
- Comment transformer votre profil LinkedIn en une carte de visite unique
- Comment être trouvé dans les résultats de recherche de LinkedIn
- Comment établir des relations d'affaires authentiques en ligne
- Les choses à faire et à ne pas faire ou la « nétiquette » de LinkedIn
- Les « dix commandements » du social selling pour les « non-croyants »
- Comment rechercher, trouver et attirer comme un aimant vos clients idéaux
- Quand écrire et quoi écrire à vos prospects (modèles de texte inclus)
- Comment convertir des prospects en clients avec la méthode DASKY
- Comment accroître l'expertise, la crédibilité et la confiance
- Comment un contenu de qualité alimente votre entreprise
- Comment diffuser votre stratégie de marketing de contenu avec les #hashtags
- Comment monétiser vos connaissances selon le « principe du bikini »
- Comment créer et mettre en œuvre de façon continue votre plan d'action de social selling
- Quels facteurs de votre entreprise génèrent réellement de l'argent et lesquels n'en génèrent pas

- Comment augmenter régulièrement vos ventes et vos revenus
- ... Et comment vous pouvez enfin dormir la nuit sans souci :-)

Bonne lecture, profitez bien !

Massimiliano Salerno
www.Salerno-Consulting.com

MASSIMILIANO SALERNO

Rapports de terrain

Le lecteur a non seulement un très bon aperçu de la plateforme LinkedIn, mais aussi d'excellentes astuces que personne ne vous dévoile ou pour lesquelles vous devez travailler longtemps et péniblement. En outre, le lecteur dispose en même temps d'une stratégie complète de marketing et d'acquisition de clients, alors qu'autrement il faudrait investir beaucoup d'argent dans un accompagnement sous cette forme. Je suis sur LinkedIn depuis un certain temps, mais ce livre contient tellement de nouveautés et d'inconnues que j'ai hâte de les mettre en œuvre. Je recommande vivement ce livre à tous ceux qui utilisent LinkedIn pour leur entreprise et pour eux-mêmes.

- Adrian Wildhauser

Par le passé, je me suis déjà occupé intensivement du marketing sur LinkedIn et de la manière dont je pouvais trouver de nouveaux contacts potentiels par ce biais. Ce guide est l'un des plus détaillés et des plus complets que j'ai pu trouver sur le sujet. L'auteur vous emmène du début à la fin à travers un concept qui s'appuie sur les compétences sociales et la communication, ce qui en fait un très bon guide pour le marketing sur LinkedIn. Si vous souhaitez transformer vos contacts en clients grâce à ce réseau, je vous recommande vivement ce guide.

- Steffen Hessler

J'ai lu plusieurs livres sur le social selling. Le livre *LinkedIn Marketing Business* de M. Salerno est de loin le meilleur, car il est le plus pertinent sur le plan pratique. L'auteur sait exactement de quoi il parle et présente une structure claire avec laquelle l'acquisition de prospects via LinkedIn peut être mise en œuvre de manière professionnelle et systématique. Recommandations claires, en particulier pour les entrepreneurs, les indépendants et les professionnels de la vente.

- Stefan Evertz
Directeur général de Frame for Business GmbH

Massimiliano Salerno est pour moi la planche de salut en matière d'optimisation de profil, de positionnement et de création de relations avec les clients. J'ai acheté le livre *LinkedIn Marketing Business* parce que je veux à tout prix générer plus de visibilité et donc plus de leads sur LinkedIn. Mon plus grand atout a été de présenter mon profil sur LinkedIn de manière beaucoup plus efficace et axée sur le client. De nombreux conseils et actions recommandées par les meilleurs, et tout cela pas à pas. Je peux prendre le livre à tout moment et m'y référer encore et encore. J'aime particulièrement cela. En outre, je peux contacter Massimiliano Salerno à tout moment pour lui poser des questions ou mettre de l'ordre dans la structuration de mes pensées. Merci beaucoup pour cela.

- Birgit Jähnigen
Sales Assistante des ventes chez iSAX GmbH

Massimiliano Salerno est un expert absolu en matière de ventes et de génération de prospects. J'ai acheté le livre *LinkedIn Marketing Business* parce que j'avais un profil sur LinkedIn, mais rien de plus. Grâce aux instructions étape par étape, j'ai pu créer mon profil pour qu'on le trouve et qu'on le remarque. Je recommande ce livre à tous ceux qui veulent acquérir des clients de manière professionnelle avec et en dehors de LinkedIn. Ce livre est incontournable.

- Reto Caminada
Directeur général de vitality concept GmbH

Cher Massimiliano,

Pendant des années, j'ai travaillé avec des entreprises qui étaient désireuses de renouer avec la rentabilité. Mon objectif a toujours été non seulement de donner des recommandations aux différents services, mais aussi de définir les objectifs à atteindre avec les responsables respectifs et de fixer ensuite ensemble les premières étapes pour les atteindre. Lorsque j'ai vu votre livre *LinkedIn Marketing Business*, j'ai été attiré parce que j'espérais mieux comprendre comment fonctionne le marketing en ligne d'aujourd'hui et comment utiliser cet outil. Mes attentes ont été non seulement comblées, mais dépassées, car la structure de votre livre m'a conduit pas à pas au point où je comprends comment utiliser l'outil, l'optimiser et en tirer le meilleur parti. J'ai vivement recommandé *LinkedIn Marketing Business* à mon arrière-petit-neveu, qui est directeur commercial, car je suis convaincu qu'en appliquant systématiquement vos conseils, il augmentera énormément son portefeuille client et donc ses ventes. Sans hésiter, je recommanderai votre livre à tous ceux en relation avec des clients !

- **Hans Luchsinger**

CHAPITRE UN
APPRENDRE À CONNAÎTRE LE SOCIAL SELLING ET L'ACHETEUR MODERNE D'AUJOURD'HUI

Si vous pensiez jusqu'à présent au paravant les réseaux sociaux n'étaient pas nécessaires dans le domaine du marketing et des ventes, considérez ce chapitre comme un avertissement.

« Vous pouvez reconnaître les gagnants dès le départ. Les perdants aussi. »

Si votre objectif sur LinkedIn est d'attirer les clients idéaux pour votre entreprise, alors arrêtez de toujours collectionner des contacts comme des vignettes Panini de Ronaldo et Messi et commencez enfin à construire de vraies relations.

C'est seulement ainsi que vous pourrez gagner la confiance des personnes de votre groupe cible et positionner votre expertise et votre crédibilité de manière à attirer les « bons » clients comme un aimant.

Mais avant de commencer, voici quelques faits et chiffres pertinents.

Selon la dernière étude LinkedIn, parmi les compétences et les technologies les plus importantes pour les vendeurs, figurent les réseaux sociaux, qui jouent désormais un rôle important dans chaque phase de la décision d'achat.

90 % des acheteurs exigent une compréhension claire de leurs besoins et de leur position respective dans l'entreprise. L'intelligence commerciale* joue un rôle clé pour créer une impression positive auprès de l'acheteur et le convaincre de son expertise en matière de vente. Plus impressionnant encore, 84 % des cadres de direction utilisent également les réseaux sociaux pour les mêmes raisons.

L'intelligence commerciale désigne les technologies, applications et processus de collecte, d'intégration, d'analyse et de présentation des informations qui aident les vendeurs à trouver, contrôler et comprendre les données et leur fournissent l'aperçu dont ils ont besoin dans les opérations quotidiennes des clients potentiels et existants.

Dans ce contexte, il s'agit des acheteurs qui utilisent le plus activement les réseaux sociaux pour soutenir et sécuriser leurs décisions d'achat. En outre, ils ont une influence bien plus grande sur les décisions d'achat que leurs collègues qui n'utilisent pas les réseaux sociaux.

Les cinq résultats les plus importants de l'étude LinkedIn

1. La confiance

La confiance est le facteur le plus important pour conclure des affaires. 38 % des vendeurs considèrent ce facteur comme le plus important.

2. La compréhension stratégique et économique

La compréhension stratégique et commerciale est la condition de base de la confiance.

Plus de 90 % des acheteurs exigent une compréhension claire de leurs besoins et de leurs positions respectives dans l'entreprise. Afin de créer une impression positive auprès de l'acheteur et de convaincre avec son propre savoir-faire, la veille commerciale joue un rôle clé.

3. Le marketing

L'alignement du marketing offre un énorme avantage concurrentiel. Les meilleurs vendeurs disent qu'ils travaillent en étroite collaboration avec le marketing et qualifient « d'excellente » la qualité de leurs leads marketing. Près des trois quarts des acheteurs (73 %) déclarent que la compréhension du marketing et de la vente est élémentaire.

4. La technologie

Les vendeurs s'appuient sur la technologie. 99 % la décrivent comme « importante » ou « très importante »" pour conclure des affaires.

5. Les réseaux sociaux

Les réseaux sociaux jouent un rôle important dans chaque phase de la décision d'achat. D'une part, parce qu'ils sont le canal d'information le plus populaire pour les acheteurs et, d'autre part, parce qu'ils représentent la source d'information la plus importante sur les ventes pour les vendeurs. Lorsqu'on leur a demandé quel était le réseau social le plus important pour leurs activités de vente, 42 % d'entre eux ont choisi LinkedIn.

Réseaux sociaux et content marketing

Maintenant, avant de vous inscrire sur l'ensemble des réseaux sociaux tels que Twitter, Facebook, Instagram, YouTube, LinkedIn ou autres, prenez une grande respiration et posez-vous les questions suivantes :

- Que s'y passe-t-il ?
- Les réseaux sociaux ne sont-ils pas au service exclusif des spécialistes du marketing pour optimiser l'expérience client ?
- Et les réseaux sociaux ne sont-ils pas orientés vers l'envoi ou le partage de contenu (content marketing) depuis quelques années déjà ?
- Le marketing par e-mail et l'automatisation du marketing ne sont-ils pas (déjà) dans le collimateur de tout le monde ?
- Et pourquoi diable les cadres de direction utilisent-ils les réseaux sociaux pour étayer leurs décisions d'achat ?

Correct.

Ces développements existent et vous devez être perçus et appréciés comme un prestataire de services digne de confiance. Le content marketing (marketing de contenu) figure en bonne place dans l'agenda B2B, mais qu'en est-il des ventes ? Les gens ne sont que trop heureux de se fier aux études et aux analyses au lieu de se concentrer sur leurs propres forces en matière de création d'atouts et de valeur ajoutée.

Les réseaux sociaux sont une nécessité

Si les réseaux sociaux étaient un sujet à la mode, ils sont désormais devenus une nécessité ! En fonction de vos objectifs individuels et des ressources auxquelles vous faites confiance dans votre décision d'achat, les acheteurs B2B et les cadres de direction les ont simplement intégrés dans leur approche.

Cela est également dû au fait que les milléniaux (la « génération Y » née entre 1980 et 2000) sont sur le point de prendre la tête des affaires.

Selon **www.ThinkWithGoogle.com**, la moitié des décideurs actuels sont des milléniaux. Un groupe cible qui est en ligne pratiquement jour et nuit et qui a toujours un téléphone portable avec lui. Et cela ne doit en aucun cas être ignoré.

Le rôle croissant des réseaux sociaux

De nombreux acheteurs et cadres de direction ont découvert le potentiel de certains réseaux sociaux. Ce ne sont plus les décideurs d'hier. Pour les décideurs « modernes » d'aujourd'hui, les réseaux en ligne professionnels sont devenus un facteur important non seulement dans la phase finale du processus décisionnel, mais aussi dans chaque phase de la décision d'achat.

Un autre élément essentiel est et restera la **confiance**. Mais cela ne se gagne pas du jour au lendemain. La **crédibilité** doit être prouvée et, comme un bon vin, doit s'affiner avec le temps. Ce faisant, il est extrêmement important de trouver la bonne combinaison de **contenu** et d'**avantages pour le client.** Il ne suffit pas de créer des liens, de rejoindre autant de groupes que possible et, à l'occasion, d'aimer, de commenter et de partager des articles et des messages. L'accent doit être mis sur le **dialogue**.

Conclusion

Les technologies numériques transforment les processus de vente et les expériences d'achat. La capacité des vendeurs à gérer leur temps, à établir des relations plus solides et à engager le centre d'achat dépend de plus en plus de la mise à disposition des bons outils technologiques, ainsi que du soutien efficace du marketing axé sur les données.

Toutefois, la capacité à conclure des marchés dépend toujours des compétences et des relations humaines.

Les acheteurs répondent aux vendeurs qui établissent des relations et apportent une compréhension de leurs propres besoins et de ceux de leur entreprise. Ceci est soutenu par l'utilisation de l'intelligence commerciale et la connaissance de l'industrie.

Plus de 17 millions de personnes au Canada (et ce chiffre est en augmentation) comptent désormais sur LinkedIn pour obtenir ces informations à leur place, fournir un contenu pertinent et ainsi établir les relations commerciales de confiance et bien informées dont dépend leur succès.

LinkedIn est la principale plateforme commerciale de social selling où vous pouvez trouver le groupe exact de personnes qui composent votre public cible. De plus, cette plateforme commerciale est conçue pour vous aider à trouver ces personnes, à entrer en contact avec elles et à établir des relations commerciales authentiques. Sans être gêné par un quelconque filtrage à passer lors de démarchages téléphoniques classiques.

Mais avant d'entrer dans les détails, je voudrais vous poser ces questions :

- Utilisez-vous LinkedIn pour le social selling à l'heure actuelle ?
- Utilisez-vous votre profil LinkedIn pour entrer en contact et communiquer avec des clients potentiels ?
- Pensez-vous que votre présence actuelle en ligne, votre marque personnelle, est bonne ?
- Avez-vous des témoignages ou des recommandations (preuves sociales) sur votre site web et votre profil LinkedIn ?

- Êtes-vous en interaction active avec vos contacts LinkedIn existants ?
- Proposez-vous déjà à votre réseau une offre significative actuellement ?

Si vous répondez *NON* à une seule de ces questions, alors faites-vous une faveur en lisant ce livre jusqu'au bout et en le mettant en pratique. Cela en vaut la peine.

Dans ce livre, vous apprendrez, étape par étape, comment, en seulement 30 minutes par jour, tirer pleinement parti de LinkedIn en tant que plateforme commerciale de réseau social et comment augmenter de manière significative le nombre de prospects et de clients que vous avez générés jusqu'à présent.

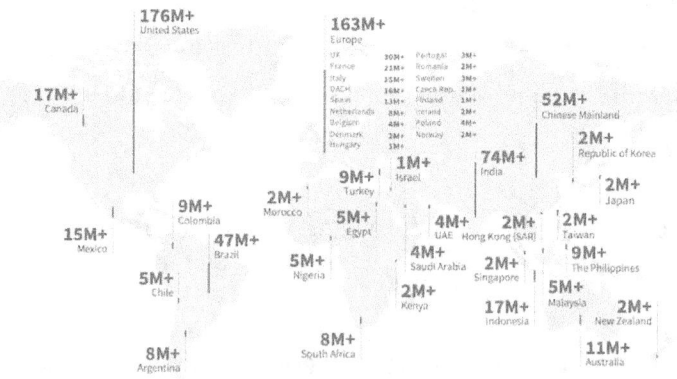

Source : https://de.statista.com

LinkedIn compte plus de 740 millions de membres dans plus de 200 pays. Nous avons vu que plus de 17 millions d'entre eux sont actifs au Canada. L'Europe a déjà dépassé les États-Unis en termes de nombre de membres. Malgré cela, de nombreux entrepreneurs continuent de considérer le site à tort comme une plateforme de réseau social sur laquelle on ne peut que :

- Publier un CV
- Chercher un emploi
- Démontrer son expertise personnelle
- Entrer en contact avec d'anciens collègues, camarades de classe ou amis (comme sur Facebook)
- Rechercher et recruter des employés potentiels

Oui, vous pouvez utiliser LinkedIn pour poursuivre tous les objectifs mentionnés ci-dessus. Cependant, la plateforme a beaucoup changé ces dernières années et est maintenant le plus grand réseau professionnel social au monde. Oui, bien plus grand que Xing !

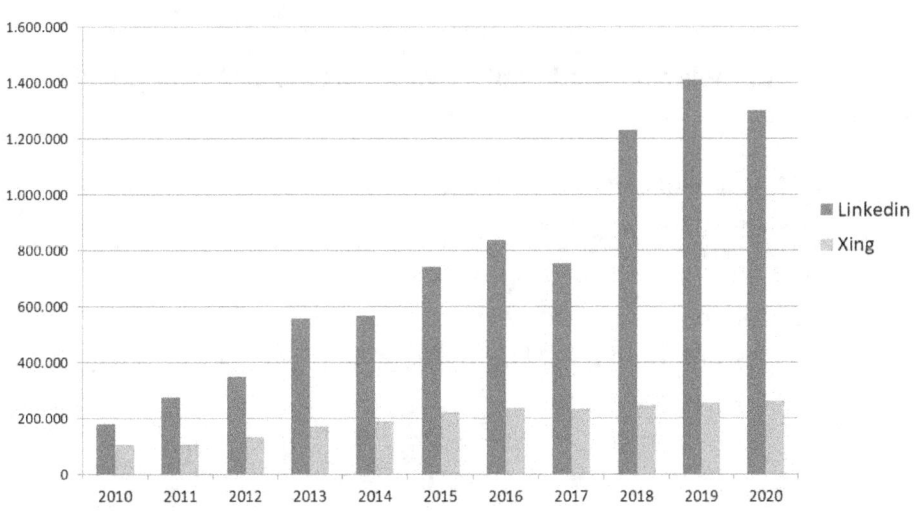

Anzahl Mitarbeiter von DAX Konzernen bei Xing und LinkedIn 2010 - 2020

Selon un rapport de LinkedIn :

- LinkedIn est le principal canal de distribution de contenu commercial
- LinkedIn augmente le trafic vers les blogs et les sites web par rapport aux autres réseaux sociaux
- LinkedIn est considéré comme le réseau social le plus efficace pour la génération de prospects
- Les dirigeants d'entreprise accordent à LinkedIn une note élevée pour la valeur générée par leurs activités de marketing social

Le rapport le révèle également.

Non seulement les professionnels viennent s'inscrire en grand nombre sur LinkedIn, mais avec un objectif précis en tête. Ils viennent spécifiquement pour entrer en contact avec les gens et découvrir des opportunités d'affaires en s'engageant avec du contenu de qualité (content) par le biais de la plateforme commerciale LinkedIn et aussi pour conclure des affaires. Ce sont une mentalité et une intention très différentes de celles des autres réseaux sociaux.

Les professionnels du monde entier viennent sur LinkedIn pour obtenir :

- Des nouvelles de l'industrie
- Des conseils compétents
- Une formation professionnelle
- Des recommandations
- Du contenu publié par des experts en la matière sur LinkedIn

Bien que cette déclaration confirme ma conviction, je reconnais que l'effort peut être écrasant pour ceux qui envisagent cette stratégie de génération de prospects pour la première fois.

En fait, il y a encore beaucoup de gens qui ne connaissent pas du tout LinkedIn ou qui ne l'utilisent pas correctement. Sans parler de la pleine utilisation de son potentiel, car il semble très complexe de l'extérieur.

Mais même les tâches les plus complexes peuvent être simplifiées en disposant d'un système précis, étape par étape, à reproduire et à suivre, et qui donne également des résultats prévisibles et durables.

Dans ce livre, je vous expliquerai exactement comment et pourquoi la nouvelle « formule de vente 2.0 » fonctionne et comment vous pouvez utiliser cette formule éprouvée pour votre entreprise.

J'ai essayé d'écrire ce livre pour les débutants sur LinkedIn aussi simplement et clairement que possible, afin qu'ils puissent comprendre et mettre en œuvre immédiatement ce qu'ils ont appris. Dans le même temps, les vendeurs sociaux avancés parmi les lecteurs devraient devenir encore plus efficaces et performants dans leurs processus.

Avant de vous lancer dans ce « voyage LinkedIn », prenez quelques minutes pour vous familiariser avec la nouvelle «formule de vente 2.0».

Elle vous aidera à vous faire une idée précise de ce que vous pouvez apprendre de ce livre et de la manière dont elle vous aidera à devenir un stratège et un vendeur moderne et prospère.

La nouvelle « formule de vente 2.0 »

Si vous êtes nouveau sur LinkedIn et peu familiarisé avec le social selling mais que vous avez déjà utilisé la prospection téléphonique traditionnelle (ventes 1.0), cette plateforme peut paraître excessive et complexe au premier abord.

Je vais maintenant vous montrer un aperçu de ce que nous allons couvrir dans le livre et comment la « formule de vente 2.0 » peut vous aider à obtenir les résultats que vous souhaitez : à savoir, plus de prospects, de clients et de ventes.

Première étape : la sensibilisation

Au cours de cette phase, vous apprendrez à vous différencier des autres, à vous faire connaître, à vous positionner en tant qu'autorité experte et à sensibiliser votre public cible à la notion de top of mind, ou de notoriété spontanée de premier rang.

Objectifs

Vous devez avoir des objectifs clairement définis et connaître votre public cible. Vos objectifs sont la carte la plus importante de votre réussite. Sans objectifs, vous ne savez pas où le « voyage LinkedIn » vous portera, niquelles mesures prendre, à quel moment ou pourquoi.

Cela vous aide également à déterminer vos indicateurs clés de performance (KPI). Un KPI est une valeur mesurable qui montre l'efficacité avec laquelle une entreprise atteint ses principaux objectifs commerciaux. Cette mesure vous permet d'évaluer clairement vos progrès : le temps passé sur LinkedIn chaque jour, le nombre de clients potentiels touchés par semaine et le nombre de nouveaux clients acquis.

Optimisation du profil

Pour utiliser efficacement LinkedIn pour la génération de prospects, votre profil LinkedIn doit répondre à trois critères :

1. Il doit devenir visible
2. Il faut le trouver
3. Il doit vous faire paraître « professionnel et gagnant » aux yeux de vos clients idéaux

Une présence professionnelle en ligne bien optimisée vous permettra non seulement d'être trouvé par ceux qui cherchent une personne qui fait ce que vous faites, mais contribuera également à accroître le succès de vos demandes de contact qui seront acceptées par les décideurs.

Si vous voulez réussir dans la génération de prospects, une optimisation parfaite de votre profil LinkedIn est inévitable. Nous abordons ce sujet en détail au chapitre trois.

Positionnement

Le content marketing, associé à un engagement approprié, est le moyen le plus rapide de vous positionner en tant qu'expert et est essentiel à votre leadership sur LinkedIn. Pour vous positionner comme un leader d'opinion, vous devez être une source d'information fiable au sein de votre communauté. Cela renforcera votre crédibilité et donnera aux prospects potentiels davantage de raisons de vous faire confiance. Si vous voulez obtenir des résultats durables, il faudra du temps et de la persévérance, comme dans toute relation.

Sensibilisation Top of Mind

Un réseau étendu ne suffit pas si l'on vous oublie après avoir pris contact avec vous. En partageant régulièrement des contenus utiles et en maintenant une présence dans le flux d'informations LinkedIn, vous pourrez vous montrer plus souvent avec votre public cible et rester présent à leur esprit.

Deuxième étape : la génération de prospects

Dans cette phase, vous apprendrez à gérer efficacement les bons processus, à générer des prospects et à faire passer vos conversations d'en ligne à hors ligne.

Génération de prospects

La meilleure façon de générer des prospects est de créer une série de messages textuels pré-écrits destinés à établir des relations et à faire passer les communications d'en ligne à hors ligne. C'est principalement hors ligne que vous pourrez convertir un prospect en client rentable.

La grande erreur que beaucoup de membres sur LinkedIn font encore malheureusement, est qu'ils essaient avec impatience d'accélérer le processus d'acquisition et donc de pousser la vente avant même que le timing ne soit mûr pour conclure.

Au chapitre cinq, nous apprendrons exactement comment procéder avec chaque SMS pendant les cinq phases de la méthode DASKY pour conclure la vente sans pression.

Interactions (engagement)

Ouvrez le dialogue avec vos lecteurs et vos prospects ! Un engagement efficace favorise votre réseau et vous offre de nombreuses possibilités de contribuer de manière experte et de présenter des atouts à valeur ajoutée.

Recommandations

Les recommandations proviennent de clients existants qui vous apprécient, ainsi que votre offre et votre service, et qui sont prêts à vous présenter à quelqu'un qui pourrait également bénéficier de vos connaissances et de votre offre. Il est extrêmement utile d'être recommandé par quelqu'un en qui vous avez confiance.

Mise en œuvre et réalisation

L'argent est dans la réalisation des choses. C'est la partie où vous créez et exécutez votre plan d'action de social selling. Un plan d'action de social selling est un guide pour vous (ou pour vos vendeurs) sur la manière dont vous devez communiquer avec votre public cible sur LinkedIn. Votre plan d'action énumère les tactiques, les activités et les messages spécifiques que vous utiliserez pour atteindre vos objectifs de vente. L'avantage d'un plan d'action de social sellingl est qu'il assure la cohérence et donne des résultats prévisibles. Nous aborderons en détail la mise en œuvre de ce plan d'action axé sur le social selling dans vos activités quotidiennes au chapitre neuf.

Troisième étape : la conversion

Dans cette troisième et dernière phase, vous voyez les résultats de votre travail préliminaire et le retour sur investissement (ROI) de vos activités. Pour améliorer vos résultats, il est également important ici de revoir, d'affiner et d'optimiser constamment votre approche.

Optimiser

Il sera important d'évaluer les résultats de vos activités de social selling et de déterminer la manière exacte dont vous pourrez améliorer ces résultats. C'est la partie où vous optimisez vos activités et vos messages sur la base des réponses reçues jusqu'à présent.

Indicateurs clés de performance (KPI)

La dernière partie de votre « voyage LinkedIn » vers un social selling réussi consiste à mesurer vos résultats et vos KPI. Il peut s'agir de vérifier les interactions, l'engagement que vous obtenez à partir du contenu que vous partagez, la croissance de votre réseau, le nombre de conversions, etc. En d'autres termes, mesurer ce qui compte dans votre entreprise.

Vous avez maintenant un cadre complet.

L'étape suivante consiste à apprendre comment le consommateur moderne achète afin de trouver les clients idéaux et de les attirer comme un aimant vers votre offre.

L'acheteur moderne d'aujourd'hui

Notre monde est différent de ce qu'il était il y a dix ans. Nous avons évolué, tout comme nos habitudes, pour suivre l'évolution des technologies actuelles.

L'application des nouvelles technologies est très répandue et produit de nouveaux chiffres :

- Près de deux tiers de la population mondiale possèdent aujourd'hui un téléphone portable

- Plus de la moitié du monde utilise aujourd'hui un smartphone
- Plus de la moitié du trafic web mondial provient désormais des appareils mobiles
- Plus d'une personne sur cinq dans le monde a acheté quelque chose en ligne au cours des 30 derniers jours

Cette évolution a changé la façon dont nous achetons que nous soyons des adolescents à la recherche de nouveaux vêtements branchés ou des PDG d'entreprises du Fortune 500 à la recherche de solutions de service. Cela a également changé la façon dont les entreprises vendent. De grandes entreprises comme Netflix, Apple, Amazon, Google et Facebook proposent du contenu personnalisé en ligne.

L'ancienne façon de vendre n'est plus concevable avec les acheteurs modernes actuels. La nouvelle façon de vendre a évolué et exige que vous aidiez au préalable les acheteurs potentiels avec votre savoir-faire, que vous établissiez une relation avec eux et que vous vous mettiez en relation avec eux par voie numérique.

Pour augmenter vos ventes, vous devez comprendre que les acheteurs modernes de nos jours sont connectés numériquement en permanence. Ils sont actifs sur les réseaux sociaux et ne sortent jamais sans leur téléphone portable.

Grâce à ces connaissances, vous pouvez mieux comprendre ce que l'acheteur moderne attend de vous et du processus d'achat.

Mais il y a plus.

La manière dont les acheteurs réagissent au processus de vente d'une offre a également changé. En effet, toute la conversation commerciale s'est déplacée vers la vente axée sur la valeur.

Le nouveau dialogue de vente : la vente axée sur la valeur

Aujourd'hui, plus que jamais, la conversation commerciale doit passer de « *Que puis-je vous vendre ?* » à « *Comment puis-je vous aider ?* »

« Que puis-je vous vendre ? » **peut se résumer à :**

- Je suis surtout intéressé par votre argent
- Que puis-je vous vendre d'autre ?
- Merci de votre intérêt

« Comment puis-je vous aider ? » **sous-entend :**

- Je me soucie de vous et de votre problème
- Comment puis-je vous apporter une valeur ajoutée pertinente ?
- Nous vous remercions de nous aider à améliorer constamment nos produits et services grâce à vos commentaires (avis et commentaires des clients)

Peu importe que vous soyez au Canada, aux Etats-Unis, en Europe ou ailleurs dans le monde : si vous voulez réussir avec des méthodes de social selling comme celles-ci, votre conversation commerciale doit porter sur « *Comment puis-je vous aider ?* » Le content marketing sert à cet égard de stimulant commercial. Nous y reviendrons plus tard.

Social selling

Avant de commencer à jeter les bases de votre succès dans le social selling, je veux m'assurer que vous comprenez exactement ce qu'est le social selling (vente sociale ou vente numérique) et pourquoi LinkedIn est le meilleur réseau social commercial que vous pouvez utiliser actuellement.

Définition du social selling

Selon Wikipédia, le social selling est le processus de développement de relations commerciales dans le cadre du processus de vente. De nos jours, cela se fait souvent par le biais de réseaux sociaux tels que LinkedIn, Twitter, Facebook, Instagram et Pinterest. Cela peut se faire en ligne mais aussi hors ligne.

Social selling = création de relations

Je ne pense pas avoir besoin de vous dire que l'efficacité du démarchage téléphonique traditionnel et du marketing direct par e-mail à partir d'adresses électroniques achetées, a considérablement diminué ces dernières années.

Saviez-vous qu'en moyenne 130 e-mails parviennent chaque jour dans la boîte de réception de votre client potentiel ? La plupart d'entre eux ne sont pas sollicités. 90 % des décideurs affirment aujourd'hui qu'ils n'achèteraient jamais à partir d'un appel téléphonique ou d'un courriel non sollicité.

Alors que de nombreuses entreprises luttent pour atteindre leurs clients potentiels ou leur marché cible en utilisant les méthodes de marketing traditionnelles, le social selling continue de se développer. 76 % des acheteurs B2B et 86 % des cadres supérieurs utilisent les réseaux sociaux pour prendre des décisions d'achat sur des plateformes comme LinkedIn.

Plateformes où ils peuvent rechercher et partager des informations sur les fournisseurs et leurs produits ou services. Il est intéressant de noter que 77 % des acheteurs B2B actuels effectuent plus de la moitié de leurs recherches en ligne avant d'effectuer un achat hors ligne.

Que nous le voulions ou non, le social selling se pratique dans tous les secteurs et dans toutes les régions du monde. Vos clients potentiels prendront probablement la solution de facilité et choisiront l'entreprise qui les a aidés dans leur démarche d'achat.

La question qui se pose à ce stade est donc la suivante :

Comment vos clients potentiels vous choisssent-ils par rapport à vos concurrents ?

Les données montrent quelques statistiques convaincantes qui fournissent des preuves sans appel des avantages du social selling. Ces statistiques suggèrent que :

- Les entreprises qui ont des processus de social selling formalisés sont plus susceptibles d'atteindre leurs objectifs de vente
- 79 % des vendeurs sociaux ont atteint leurs objectifs de vente au cours de l'année écoulée, contre 39 % des vendeurs non sociaux
- Le social selling apporte aux entreprises un retour sur investissement plus élevé que les tactiques traditionnelles
- Les vendeurs qui utilisent le social selling obtiennent un retour sur investissement supérieur de 58 % en utilisant le social selling contre 24 % avec les tactiques traditionnelles

Le social selling sur LinkedIn

Les plus grands succès de social selling à ce jour ont été obtenus sur LinkedIn. Les statistiques montrent qu'il est 277 % plus efficace de générer des leads que Xing ou Twitter, même si la plupart des utilisateurs n'utilisent pas encore LinkedIn à son plein potentiel.

Comment LinkedIn est-il devenu un outil aussi puissant pour le social selling ?

LinkedIn offre un accès illimité aux professionnels du monde entier, ainsi qu'aux cadres de chaque entreprise.

Mais QUI, parmi ces professionnels et ces cadres, sont VOS clients idéaux ? Dans le prochain chapitre, nous verrons qui sont vos clients idéaux et comment vous pouvez attirer ce groupe cible pour votre produit ou service, le fidéliser et en tirer profit à long terme.

CHAPITRE DEUX
COMMENT QUALIFIER LES PROSPECTS DE MANIÈRE SÉLECTIVE ET SUSCITER L'INTÉRÊT

Dans le précédent chapitre, nous avons appris que la clé d'un social selling réussi est d'établir des relations avec vos clients potentiels. Avant de faire cela, il est important de connaître votre marché cible mieux que votre propre poche.

Posez-vous les questions suivantes :

- Qui est votre client idéal (et plus précisément, qui est-il sur LinkedIn) ?
- Quel est le langage et le ton typique de votre client idéal ?
- Quels sont les défis et problèmes auxquels votre client idéal est confronté ?

Dans ce chapitre, nous utiliserons des exercices spécifiques pour répondre à ces questions. Chaque exercice s'appuie sur le précédent. N'en sautez donc aucun.

Prenez le temps d'accomplir chaque tâche dans l'ordre indiqué. Recueillez toutes les informations pertinentes que ces exercices vous apporteront et utilisez-les ensuite dans votre profil LinkedIn, dans vos SMS pour la génération de prospects et dans vos messages et articles (contenu).

Vos clients idéaux

Règle primordiale

« Si vous essayez de vendre à TOUT le monde, vous ne vendrez à PERSONNE ».

Même si vous recherchez des prospects et des clients dans un secteur spécifique, n'oubliez pas que vous avez toujours affaire à des personnes « individuelles » dans des entreprises « individuelles ».

Ce n'est pas avec l'industrie, l'entreprise ou l'organisation que vous établissez une relation d'affaires, mais avec des personnes. Ce sont les mêmes personnes qui se trouvent derrière les entreprises et qui prennent les décisions. Ainsi, que vous soyez dans le B2B ou le B2C n'a aucune importance. À proprement parler, la dénomination commerciale correcte de toute entreprise devrait être « P2P = People To People ».

Souvenez-vous en !

« Il s'agit toujours des gens. Le business est un business de personnes. De personne à personne. »

Pensez toujours du point de vue de votre client idéal

Votre profil LinkedIn doit être 100 % axé sur le client. Montrez à vos clients idéaux que vous souhaitez connaître et comprendre leurs problèmes quotidiens afin de pouvoir leur proposer une solution adaptée. Si vous comprenez d'où viennent vos clients, quels sont leurs problèmes et leurs craintes et que vous parlez leur langage, alors vous réussirez ensemble.

Comment vos clients idéaux se décrivent

Si nous demandions aux gens comment ils se perçoivent, ils donneraient probablement de nombreuses réponses différentes, en fonction d'où, quand et comment nous posons la question.

Leur description peut être liée à leur profession, à leur niveau d'éducation, à leur nationalité, à leur situation de famille, à leur sexe, à leur religion, à leurs loisirs et bien plus encore.

Souvent, les gens s'identifient à ce qu'ils font et non à ce qu'ils sont, et ce qu'ils soient entrepreneurs, comptables, architectes, acteurs, gestionnaires ou encore athlètes.

Mais vous, que répondriez-vous si je vous posais la question ? Comment vous décririez-vous ? Commençons par vous.

Exercice

Rédigez, à votre intention, une description honnête de vous-même. Pensez à long terme et essayez de noter autant de détails que possible.

Ensuite, répertoriez combien de détails se rapportent à votre personne et combien se rapportent à "votre activité professionnelle".

Vous avez maintenant élaboré une liste de détails et de précisions que vous pouvez utiliser pour vous décrire aux autres. Bien entendu, ces derniers peuvent évoluer au fil du temps dans la vie professionnelle ou personnelle. Cependant, ces étiquettes nous transmettent toujours ce qui est le plus important pour nous : qui nous sommes et ce que nous faisons professionnellement.

Par exemple, une femme qui est aussi une mère s'identifiera presque toujours d'abord comme mère (étiquette intrinsèque et socialement puissante). Certains propriétaires d'entreprises peuvent s'identifier comme propriétaire d'entreprise, tandis que d'autres peuvent se qualifier et décrire simplement par l'offre qu'ils proposent.

Pour identifier vos clients idéaux, l'établissement de vos relations sera insuffisant si vous ne comprenez pas les nuances des étiquettes qu'eux-mêmes utilisent.

Exercice

Pour cette mission, je veux que vous écriviez vos réponses de manière aussi détaillée que possible. L'objectif est de créer un "avatar" de vos clients idéaux. Un "avatar client" qui pense, parle, rêve, ressent des émotions et comprend à 100 % comme vos clients idéaux.

Hé ho !

Vous étiez sur le point de sauter cet exercice et de passer directement au chapitre suivant ? C'est bien ça ? Je ne vous blâme pas. J'aurais fait la même chose autrefois. Parce qu'à l'époque, je me demandais à quoi bon créer un « avatar client » quand mon offre pouvait potentiellement être achetée par TOUTES les entreprises. Cela ne changeait rien, n'est-ce pas ? Je ne pense plus pareil.

Donc...

Ce que je vous demande de faire est difficile pour certains d'entre nous. Mais n'oubliez pas que la création d'un « avatar client » de vos clients idéaux à ce stade est importante pour jeter les bases de votre succès dans le social selling, même si vous ne réalisez peut-être pas encore la pertinence de cette tâche, et des informations qui en découlent. Faites-le, tout simplement. Cela en vaut la peine.

Allons-y !

1. Dites-nous en plus sur *l'identité* de vos clients idéaux

Par exemple, disons que votre client idéal travaille dans une entreprise de technologie ou de SaaS. Où se trouve-t-il ? Sert-il des clients dans le monde entier ou seulement dans un pays spécifique ? Qui décide ? Le père de famille qui a quatre enfants ? La mère ? Est-ce le patron lui-même ? Le directeur des ventes ? Le responsable du développement des entreprises ? Le directeur général du marketing (CMO) ?

Décrivez votre clientèle idéale en répondant aux questions suivantes :

- Que font-ils ?
- Quel est leur statut familial et relationnel ?
- Sont-ils mariés ? Divorcés ? Célibataires ?
- Ont-ils des enfants ? Si oui, combien ?
- Comment passent-ils leur semaine ?
- Que font-ils en dehors du travail ?
- Où trouvent-ils leurs informations ?
- Combien gagnent-ils ?
- Que pensent-ils de leur travail ?
- Quelles sont leurs préoccupations dans la vie ?

2. Racontez-nous *l'histoire* de vos clients idéaux

- Quel événement dans leur passé les a conduits à ce point ?
- Comment se sentent-ils par rapport à cet événement ?
- Peut-être s'agit-il d'un emploi précédent, d'une expérience qu'ils ont eue ou d'un voyage qu'ils ont fait ?
- Qu'est-ce qui les intéresse actuellement à cause de cet événement ?

3. Dites-nous en plus sur *le problème ou le défi* de vos clients idéaux

Pour déterminer ce point, il est préférable de repenser aux conversations que vous avez eues avec des prospects, d'anciens clients et des clients actuels. Répondez aux questions suivantes en fonction du problème ou du défi spécifique dont vous avez pris connaissance.

- Quel est le problème spécifique auquel vos clients idéaux sont confrontés ?
- Comment ce problème affecte-t-il leur vie personnelle, leur travail ou leur entreprise ?
- Qu'est-ce qui jusqu'à présent a empêché vos clients idéaux de trouver une solution?

4. Dites-nous en plus sur *les objectifs et les souhaits* de vos clients idéaux

Trouvons maintenant la solution idéale au problème de votre client idéal, la solution que vos clients idéaux souhaitent le plus.

- Quelle pourrait être la solution idéale ?
- Qu'est-ce qui est important dans votre offre pour vos clients idéaux ?

- Comment votre offre résout-elle un problème, comble-t-elle un besoin, soulage-t-elle une douleur ou les fait-elle se sentir bien ?
- Comment votre offre améliore-t-elle leur vie ?
- Qu'est-ce qui changera ou s'améliorera dans la vie personnelle, le travail ou l'entreprise de vos clients idéaux si vous résolvez leur problème ?

5. Dites-nous en plus sur *les sentiments* de vos clients idéaux à l'égard de votre solution

Notez tout ce qui vous vient à l'esprit sur le plan émotionnel du point de vue de votre client idéal. Écrivez comme si vous étiez votre client idéal. Notez non seulement les pensées et sentiments positifs mais aussi les pensées et sentiments négatifs, y compris les choses que vos clients idéaux pourraient taire, comme par exemple :

« Je crains que mon entreprise ne fasse faillite. »
« J'ai peur de devoir licencier une partie de mon personnel. »
« J'ai peur de perdre mon emploi. »
« J'ai peur que ma femme me quitte. »
etc.

- Si vos clients idéaux pouvaient agiter une baguette magique et trouver la solution parfaite à leur problème, à quoi ressemblerait exactement cette solution ?
- Quelles réflexions traversent l'esprit de votre client idéal juste avant qu'il ne décide d'acheter votre offre ?
- Quel est le pire scénario auquel vos clients idéaux seront confrontés si vous ne résolvez pas le problème ?
- Quel est l'événement de trop qui les empêchera de se suicider ?

6. Dites-nous en plus sur *la réaction* de vos clients idéaux à votre solution

Maintenant que vous avez pris le temps de comprendre qui sont vos clients idéaux, ce qui les fait avancer et quels sont les problèmes qu'ils rencontrent dans leurs activités quotidiennes, il est temps d'être encore plus précis. Parce que vous allez créer la solution au problème de vos clients idéaux.

La solution = votre offre

Supposons maintenant que vos clients idéaux aient acheté et utilisé votre offre.

- Que s'est-il passé dans son esprit une fois le problème résolu ?
- Qu'ont-ils dit une fois le problème résolu ?
- Vos clients idéaux sont-ils satisfaits des résultats obtenus grâce à votre solution ?

Quel langage adopter ?

Une grosse erreur que les spécialistes du marketing font souvent est d'essayer d'être créatifs avec le langage de leur point de vue personnel au lieu d'utiliser le langage de leurs clients idéaux.

Si vous voulez être bien compris à l'avenir, faites vos devoirs et parlez la langue de vos clients idéaux. Ce faisant, votre message personnel trouvera un écho auprès de vos clients idéaux et renforcera la confiance en votre personne et en ce que vous offrez.

Exprimez toujours leur solution idéale, de la création de votre profil LinkedIn, aux SMS que vous leur envoyez, en passant par le contenu que vous créez et partagez.

Exemple

Imaginez que vous êtes n consultant en gestion souhaitant travailler avec des clients qui cherchent de nouvelles opportunités commerciales pour développer leur entreprise existante et gagner plus d'argent.

Laquelle des deux propositions suivantes est susceptible d'obtenir une réponse ?

1. Vous recherchez un plus grand épanouissement personnel et une plus grande liberté financière ?
2. Vous êtes un entrepreneur à la recherche de nouvelles opportunités commerciales et vous souhaitez vous développer?

La réponse est : ça dépend !

Les deux questions visent la même chose, mais l'approche linguistique est différente.

La meilleure façon de connaître la langue, c'est-à-dire les choix de mots et les phrases que vos clients idéaux utilisent consiste à :

- Écouter le langage utilisé par vos clients actuels
- Écouter le langage utilisé lorsqu'un client potentiel vous pose des questions et veut en savoir plus sur ce que vous avez à offrir
- Écouter les réponses que vos prospects donnent à vos questions

Remarquez que ces trois points vous obligent à faire une chose : écouter. Et correctement. Il est très important de connaître les choix de mots et les expressions couramment utilisés par vos clients idéaux. Parce que c'est la seule langue que vous devriez parler dans votre voyage sur LinkedIn.

Note

Chaque fois que vous parlez à un prospect ou à un client existant, prenez à chaque fois des notes, en notant la langue exacte et le choix des mots utilisés dans la conversation.

Votre « pourquoi » est votre différenciateur (USP)

En plus de déterminer qui sont vos clients idéaux et ce dont ils ont besoin, vous devez également savoir qui vous êtes, ce que vous représentez et pourquoi vous faites ce que vous faites.

Votre positionnement

Il existe de nombreux professionnels et experts qui proposent également une solution optimale au problème de votre client idéal. Vos prospects ont donc de nombreuses possibilités pour se rendre à leur destination. Pourquoi devraient-ils vous choisir parmi tous les autres ?

Vos prospects vous choisiront s'ils peuvent se connecter émotionnellement à votre message et comprendre le « pourquoi » de ce que vous faites.

Si vous essayez de parler « dans votre langue » à tout le monde, vous finirez par ne parler à personne. Vous devez être clair dès le départ sur qui vous voulez cibler et, surtout, qui attirer comme un aimant sur LinkedIn grâce au social selling.

Si vous ne le faites pas, vous n'obtiendrez pas l'attention que vous souhaitez de vos clients idéaux et vous aurez du mal à gagner en visibilité dans la foule des concurrents. Entrez en contact avec vos clients idéaux sur le plan émotionnel. Construisez une relation.

Votre créneau

Lorsque vous pouvez parler à un groupe spécifique de personnes et entrer en contact avec elles, vous établissez une relation de confiance. Grâce à cette stratégie de niche, vous aurez autour de vous un groupe de personnes fidèles qui veulent exactement ce que vous avez à offrir.

Ils ne veulent que vous

N'oubliez jamais que ce n'est pas une industrie, une entreprise ou une organisation avec laquelle vous établissez une relation, mais bien des personnes individuelles qui prendront les décisions en dernier ressort.

Vous devez établir confiance et crédibilité. Et pour cela, vos clients idéaux doivent savoir trois choses importantes à votre sujet :

Que vous...

1. ... vous souciez réellement de vos clients
2. ... comprenez le problème spécifique de vos clients
3. ... avez une solution à votre problème

Votre pourquoi

Vous vous rappelez ? La seule chose qui vous différencie de vos concurrents est votre pourquoi. Tout le reste est comparable et remplaçable !

De la vie quotidienne.

J'ai déjà travaillé avec un client qui ne pouvait pas identifier directement son -pourquoi. Appelons-le Walter.

Walter est un gestionnaire de fortune indépendant et ses clients idéaux sont pour la plupart des personnes fortunées de plus de 50 ans qui ont créé leur propre entreprise (sans Internet).

J'ai demandé à Walter plusieurs fois pendant le coaching pourquoi il faisait cette activité ! Il ne pouvait pas me dire son pourquoi directement. Ce n'est que lorsqu'il m'a raconté une histoire personnelle de son enfance qu'il a réalisé ce qui suit :

Quand Walter était enfant, son père a perdu son entreprise, pour laquelle il avait travaillé dur pendant des années, et à cause des dettes, il a aussi perdu la maison familiale. Toute la famille de Walter s'est relativement vite appauvrie et a finalement dû emménager dans un appartement trois pièces.

Walter s'est juré à l'époque de ne plus jamais vivre une situation similaire, et en même temps, il ne voulait pas que d'autres subissent un sort identique.

Grâce à son histoire personnelle, Walter a pu découvrir son pourquoi, et pourquoi il fait ce qu'il fait aujourd'hui. Inspirés par son histoire, nous avons ensuite créé son offre significatif et adapté son langage aux personnes auxquelles il voulait s'adresser spécifiquement et qu'il voulait attirer comme un aimant en tant que clients idéaux à l'avenir.

Son offre actuelle en tant que gestionnaire d'actifs apporte une solution raisonnable aux personnes qui ont travaillé dur pour acquérir leur patrimoine personnel et qui souhaitent maintenir la sécurité de leur famille à long terme.

Dans le secteur de la gestion de patrimoine, avant de décider à qui confier son argent, la base est de faire confiance.

Après que Walter avait trouvé son pourquoi personnel en lui-même, il a pu se différencier clairement des autres gestionnaires de biens. Parce qu'avec son pourquoi, il peut désormais établir beaucoup plus rapidement un lien de confiance avec de nouveaux prospects et les convertir en clients à long terme.

Son entreprise est en plein essor.

Et vous ? Quel est votre pourquoi ?

Exercice

Décrivez votre pourquoi, avec les motivations émotionnelles qui l'accompagnent. Quelle est la raison pour laquelle vous faites ce que vous faites aujourd'hui ? Comment en est-on arrivé là ?

Soyez bref. Idéalement, votre pourquoi devrait pouvoir être raconté ou partagé en une minute ou moins.

Vos objectifs de social selling

Avant d'entamer votre « voyage LinkedIn » vers la génération de prospects, vous devez également définir vos objectifs de social selling sur la plateforme. Ces objectifs vous guideront tout au long de l'élaboration de votre stratégie et de votre plan d'action.

Si vous ne savez pas par où commencer, commencez par revoir vos objectifs commerciaux. Par exemple, si vous avez un plan d'entreprise, identifiez les objectifs qui peuvent être atteints avec la génération de leads sur LinkedIn. Si vous n'avez pas de plan d'entreprise, réfléchissez à vos objectifs généraux pour votre entreprise.

Exemples de cibles possibles :

- Augmenter la notoriété de la marque
- Établir votre expertise sur un sujet
- Construire une communauté loyale
- Attirer davantage de prospects et de clients potentiels
- Construire des relations authentiques qui deviendront de nouveaux clients
- Maintenir et améliorer les relations avec les clients existants
- Améliorer le service à la clientèle et la fidélité des clients
- Augmenter le chiffre d'affaires, les bénéfices ou la trésorerie

Déterminez vos objectifs de social selling

Quels objectifs de social selling souhaitez-vous atteindre pour votre entreprise ?

Exercice

Notez cinq objectifs que vous souhaitez atteindre avec LinkedIn. Soyez aussi précis que possible, car ces objectifs vous aideront à déterminer les KPI (*Key Performance Indicators*) dont vous avez besoin pour mesurer vos taux de réussite.

« Ce n'est pas ce que vous savez, c'est qui vous connaissez. »

Ce proverbe souligne que la clé du succès d'une entreprise réside dans le développement de relations. Et pour cela, il y a trois points essentiels à prendre en compte :

1. Prenez le temps de savoir exactement qui sont vos clients idéaux
2. Écoutez attentivement le langage que vos clients idéaux utilisent

3. Découvrez les problèmes auxquels vos clients idéaux sont confrontés

Ces points constituent la base de la construction d'un profil LinkedIn convaincant et d'une stratégie de social selling réussie.

CHAPITRE TROIS
LE PROFIL LINKEDIN PARFAIT : LA PREMIÈRE IMPRESSION DOIT ÊTRE LA BONNE

Un profil professionnel et convaincant est essentiel pour votre réussite sur LinkedIn. Il s'agit d'une exigence de base avant d'utiliser activement LinkedIn comme plateforme de génération de prospects.

Saviez-vous que 50 % des acheteurs évitent les vendeurs dont le profil LinkedIn est incomplet ? Votre profil LinkedIn est encore plus important pour le social selling que votre site web. C'est la première impression, et elle doit être la bonne !

Attention !

Ne vous méprenez pas. Votre site web est important. Cela dit, mon expérience a montré que pour établir un lien de confiance et se positionner en tant qu'expert, votre profil LinkedIn est souvent plus pondéré que votre page d'accueil personnelle ou le site web de votre entreprise.

Question

Quelle impression laisse actuellement votre profil LinkedIn ? Peut-on l'améliorer ?

Il est dans la nature des choses que la première impression se fonde presque exclusivement sur des facteurs superficiels, sur des perceptions qui n'apprennent rien du caractère, de la compétence ou de l'expertise. Les mécanismes de formation des premières impressions dans notre cerveau sont apparus il y a longtemps dans le cadre de notre évolution et n'ont pas changé.

Ainsi, les facteurs superficiels comprennent avant tout le contact visuel, le sourire, la posture, le langage corporel, les vêtements, les soins du corps mais aussi l'odeur. Et ce n'est que lorsque ces facteurs vous font désirer davantage que le prospect potentiel voudra et pourra également percevoir vos valeurs intrinsèques.

C'est l'objet de ce chapitre.

Je veux vous aider à créer un profil LinkedIn superlatif qui impressionne et dont vous pouvez être fier. Un profil LinkedIn qui vous représente de la manière dont vous voulez être vu. Et surtout, un profil LinkedIn conçu pour attirer vos clients idéaux comme un aimant.

Un profil LinkedIn professionnel et convaincant est essentiel car …

- C'est la carte de visite idéale pour votre marque personnelle (*Personal Brand*)
- Il attire naturellement des visiteurs de profil et des prospects
- Il améliore votre image professionnelle
- Il renforce votre crédibilité et votre expertise
- Il crée un lien de confiance beaucoup plus rapidement
- Il facilite le développement de relations commerciales avec les décideurs
- Il se distingue des autres concurrents et laisse une impression durable

Nous optimisons votre profil LinkedIn pour qu'il ait l'air professionnel tout en représentant bien votre marque personnelle.

Êtes-vous prêt ? Bien. Alors, commençons !

Le *personal branding* ou votre marque personnelle

Qu'ont en commun Barack Obama, Heidi Klum et Roger Federer ?

Cherchez bien...

Ils s'appuient tous avec succès sur leur marque personnelle.

Qu'on le veuille ou non, à l'ère du numérique, chacun a une marque personnelle. Dans la vie de tous les jours, le personal branding se définit aujourd'hui comme le fait de se vendre et de vendre sa carrière comme une marque.

Définition de la marque personnelle

Selon Wikipedia, « *le personal branding est le processus continu d'établissement d'une image ou d'une impression prescrite dans l'esprit des autres sur une personne, un groupe ou une organisation.* »

Votre marque personnelle existe déjà.

La question est la suivante :

Cela reflète-t-il la façon dont vous voulez être vu et connu ?

Construire une marque personnelle forte et professionnelle n'est pas une option, c'est une nécessité de nos jours. C'est la clé pour se connecter avec vos clients idéaux et construire une relation sur les réseaux sociaux. Surtout sur LinkedIn. En effet, votre profil personnel LinkedIn n'est pas un site web d'entreprise mais un profil personnel, avec une personne derrière.

Dans cet esprit, il y a trois choses que votre marque personnelle doit accomplir sur LinkedIn :

1. Renforcer l'expertise et la crédibilité

Votre profil personnel sur LinkedIn doit vous permettre d'acquérir de la crédibilité et d'aligner votre expertise sur vos connaissances. Les visiteurs de votre profil LinkedIn doivent sentir aussitôt que vous êtes crédible et que vous savez de quoi vous parlez.

2. Décrire comment vous résolvez les problèmes de vos clients idéaux

Personne ne se soucie de l'entreprise que vous représentez. Les prospects ne s'intéressent qu'à leur propre problème. Présentez donc vos solutions.

La principale question de votre prospect est : « ***Qu'est-ce que j'y gagne ?*** » Soyez la solution qu'ils recherchent. Veillez à ce que cela soit clairement visible dans votre profil LinkedIn.

3. Accroître la confiance et l'engagement

L'objectif ultime de votre profil LinkedIn ou de votre marque personnelle est d'instaurer la confiance et d'inciter vos clients idéaux à se connecter à vous et à s'intéresser à vos contenus et solutions pertinents.

L'optimisation des mots-clés (*keywords*)

Chaque jour, quelqu'un sur LinkedIn cherche une personne qui a la solution que vous proposez. Peu importe ce que vous offrez. Si des clients potentiels recherchent sur LinkedIn les produits ou services que vous proposez et qu'ils ne les trouvent pas, c'est une occasion manquée d'attirer un client potentiel. Optimisez donc toujours votre profil LinkedIn avec des mots-clés pour apparaître au bon moment dans les résultats de recherche.

Requêtes de recherche Google vs. LinkedIn

Vous connaissez sans doute la façon dont les gens font des recherches sur Google. En revanche, la façon dont les gens font des recherches sur LinkedIn diffère beaucoup. Sur Google, les gens cherchent « pour l'information », tandis que sur LinkedIn, ils cherchent « pour une personne ».

Par exemple, si quelqu'un cherche dans Google des informations sur la manière de créer un profil professionnel LinkedIn, il peut entrer la requête suivante :

« Comment créer un profil LinkedIn ».

Sur LinkedIn, en revanche, vous recherchez une personne pour lui apprendre à créer un profil professionnel LinkedIn ou même à rédiger son profil LinkedIn en son nom. Dans ce cas, la personne peut rechercher les mots-clés suivants sur LinkedIn :

« *Expert LinkedIn* », « *Consultant LinkedIn* » ou « *Conseiller LinkedIn* ».

Sur LinkedIn, les gens recherchent souvent des mots-clés basés sur le titre. Pour que votre profil soit trouvé sur LinkedIn, il est important d'utiliser des mots-clés pertinents (appelés « buzzwords » ou mots à la mode) dans l'en-tête et les informations du profil.

Il peut s'agir de mots-clés qui décrivent les compétences, connaissances ou activités spécifiques à une industrie.

Définition des mots à la mode

D'après Wikipédia, « un mot à la mode est une expression ou un dicton sur lequel une attention particulière doit être portée. »

Exemples de mots à la mode dans le domaine du marketing :

- Native Advertising
- Geotargeting
- Swipe File
- Big Data
- Funnel Systeme
- Digital Storytelling
- No Brainer
- etc.

Utilisez donc les mots à la mode dans votre secteur pour montrer où se trouvent vos points forts. Utilisez deux ou trois mots à la mode pour vous distinguer.

Voici deux façons d'obtenir des idées pour des mots à la mode pertinents :

1. Scannez les profils LinkedIn de vos concurrents ... et faites mieux.
2. Regardez les profils LinkedIn « hors industrie » et inspirez-vous en.

Les gens entrent en contact avec d'autres gens

Vous vous souvenez de cette petite phrase au chapitre deux ?

« Il s'agit toujours des gens. Le business est un business de personnes. De personnes à personnes. »

Peu importe que vous soyez dans une entreprise B2B ou B2C. Peu importe à qui vous vendez, qu'il s'agisse d'un particulier, d'une petite entreprise ou d'une grande société. **La décision est toujours prise par une personne**. Les gens entrent en contact avec d'autres gens. Pas avec des marques ni avec des entreprises.

Les clients me demandent souvent comment ils peuvent utiliser leur profil LinkedIn pour générer plus de trafic et plus de visiteurs sur leurs sites web.

Le plus souvent, ma réponse est la suivante : vous ne devez PAS vous concentrer sur vos sites web. En effet, la magie s'opère directement par la mise en réseau des profils personnels sur LinkedIn. Vos résultats proviendront de **l'établissement de relations avec des personnes** sur LinkedIn, et non du trafic vers des sites web « bling bling ».

Sept secondes pour impressionner

Sept secondes. C'est tout ce qu'il faut pour impressionner un client potentiel, que ce soit en personne ou dans le monde numérique. Un profil LinkedIn bien rédigé et axé sur le client fait la différence entre établir un contact ou être ignoré. Pour attirer un client potentiel comme un aimant, il faut se comporter au mieux.

Avant de nous plonger dans le contenu de votre profil LinkedIn, voici les sept étapes pour l'optimiser. Le tout du point de vue de vos clients idéaux, bien sûr.

Les sept étapes pour attirer vos clients idéaux

Étape 1 : être trouvé

Ne serait-il pas agréable que vous apparaissiez dans les résultats de recherche au bon moment, lorsqu'un client potentiel recherche une personne comme vous ou une solution que vous proposez ?

Bien sûr.

L'essentiel est d'utiliser les bons mots-clés pour que vous soyez facilement trouvé sur LinkedIn par toute personne qui recherche votre fonction, votre produit ou votre service.

Étape 2 : l'histoire derrière votre pourquoi

Mais attention : il ne suffit pas d'être trouvé. Si vous ne donnez pas au prospect une raison valable de vous prêter attention ou de lire ce que vous avez à dire, je peux vous garantir qu'il sautera votre profil et passera à la personne suivante. La seule chose qui vous distingue vraiment de vos concurrents, et surtout qui ne peut être copiée, c'est l'histoire derrière votre pourquoi !

Étape 3 : la crédibilité

Toute relation entre vous et votre public cible doit reposer sur une solide base de confiance. Comme votre profil LinkedIn est la première chose que les prospects verront de vous, il doit être clairement évident que vous êtes effectivement crédible et digne de confiance.

Si vous êtes au tout début du marketing (en particulier du social selling) sur LinkedIn, vous ne pourrez pas encore avoir de références. Mais pas de problème. Si, lorsque vous commencez votre « voyage sur LinkedIn », vous offrez à vos prospects des solutions passionnantes à leurs problèmes grâce à des articles, des messages et des liens pertinents sur le plan du contenu, votre expertise et votre expérience contribueront à renforcer votre crédibilité.

En outre, la section « Licences et certifications » de votre profil LinkedIn, comme toute forme de reconnaissance, augmentera votre bonne réputation auprès de votre public cible.

Enfin, faites partager et recommander votre profil LinkedIn par des clients avec lesquels vous avez travaillé avec succès par le passé. Cette preuve sociale vous donnera une crédibilité supplémentaire.

Toutes ces fonctions sont accessibles via le bouton dans le sous-menu « Ajouter une section au profil ».

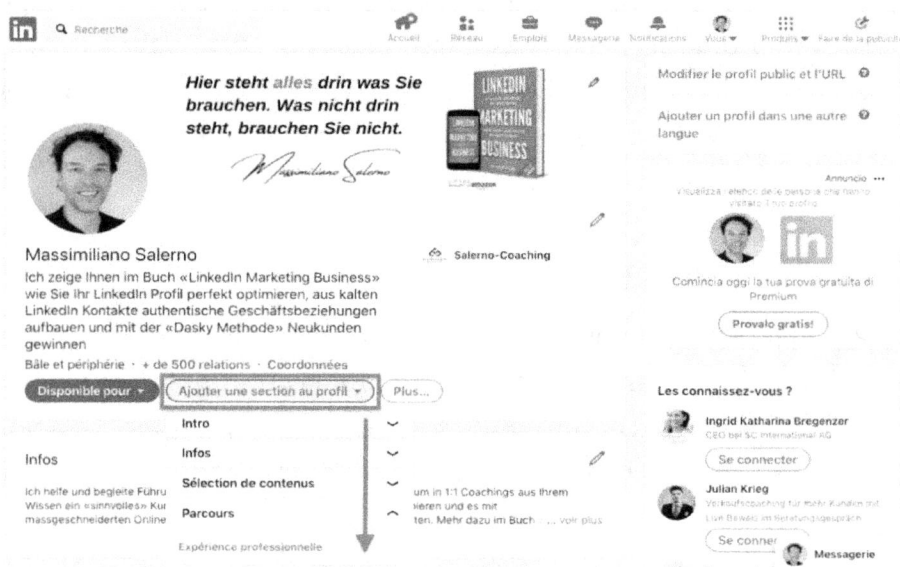

Étape 4 : les clients idéaux

Question : Si un visiteur lit votre profil LinkedIn aujourd'hui, se rendra-t-il rapidement compte que vous pourriez être la solution à son problème ?

Votre profil LinkedIn doit correspondre aux besoins de vos clients idéaux et plus particulièrement aux problèmes auxquels ils sont confrontés.

Assurez-vous que le contenu de la rubrique « **Sélection de contenus** » (Posts, articles, liens et médias) et de la rubrique **« Compétences »** montre exactement qui sont vos clients idéaux et comment vous pouvez les aider.

Étape 5 : le CTA (*Call to Action* ou appel à l'action)

Un CTA, ou appel à l'action, répond à une question :

« *Que devrait ensuite faire le prospect ?* »

Sans ce petit (mais capital) détail, la plupart des prospects quitteront à nouveau votre profil LinkedIn et ne feront rien du tout.

Les CTA sont très importants et peuvent prendre différentes formes et avoir différents objectifs. Vous pouvez créer un call to action pour, par exemple, inviter vos prospects à télécharger un fichier PDF gratuit, organiser une première consultation téléphonique gratuite, envoyer un courriel ou les motiver à vous appeler sans engagement.

Ajoutez toujours un CTA à votre profil LinkedIn pour vous aider à générer des leads de clients potentiels et à vous rapprocher d'une collaboration potentielle. Facilitez la tâche des prospects en leur disant exactement ce qu'ils doivent faire. **Si vous menez, vous gagnez !**

Étape 6 : l'expertise

Vous devez démontrer dans votre profil LinkedIn que vous avez l'expertise et les connaissances nécessaires pour résoudre les problèmes de vos prospects.

Pour ce faire, fournissez de nombreux contenus pertinents dans votre profil LinkedIn, sous l'élément de menu « **Sélection de contenus** », qui montre exactement qui sont vos clients idéaux et comment vous les aidez.

Étape 7 : votre différence

Différenciez-vous. Car au final, un profil LinkedIn parfaitement optimisé est la seule assurance pour vous et pour vos clients idéaux de vous retrouver dans le vaste océan des joueurs.

Note

Quiconque a aujourd'hui une offre valable dans ses bagages en porte l'entière responsabilité et est obligé de TOUT faire pour elle, afin que ses clients idéaux puissent l'acheter et résoudre leurs problèmes. Qui ne vend pas son offre significative, est passible de non-assistance à personne dans le besoin, et cela est punissable :-)

En conséquence...

Prenez la part du gâteau qui vous revient grâce à un profil LinkedIn professionnel et convaincant. Mettez en œuvre les quinze conseils suivants pour obtenir un profil LinkedIn parfaitement optimisé dès que possible et vous ferez un grand pas vers votre objectif commercial, qui est de générer plus de leads, plus de clients et plus de ventes.

Mes quinze meilleurs conseils pour un profil LinkedIn parfaitement optimisé

Vous souvenez-vous de la première phrase du premier chapitre ?

« Vous reconnaître les gagnants dès le départ. Les perdants aussi. »

On reconnaît un gagnant dès le départ, lorsque vous éveillez l'intérêt du prospect en sept secondes. Cela ne fait vraiment pas beaucoup de temps pour mentionner tout ce que vous voulez, n'est-ce pas ?

En tant que spécialistes du marketing, nous investissons beaucoup de temps et de ressources dans la création de marques. Nous sommes formés pour le faire, et nous sommes doués pour cela. Mais à quelle fréquence appliquons-nous ces connaissances à la construction de notre « marque personnelle » ?

Rarement, voire jamais. Je me trompe ?

Lorsque nous négligeons le personal branding, nous nous sous-estimons souvent et on devient très vite comparables et interchangeables. Nous passons ainsi à côté de nombreuses opportunités uniques, tant dans les affaires que dans notre vie privée.

Si vous ne parvenez pas à faire bonne impression dès la première visite de votre profil, ni à répondre correctement au « ***Qu'est-ce que j'y gagne*** » d'un client, alors vous avez perdu un client potentiel.

Tout ce que vous pouvez faire, tout ce que vous êtes, et toute la valeur ajoutée pertinente que vous auriez pu offrir à ce prospect s'évaporera à ce moment-là.

En conséquence...

Prenez le temps d'optimiser votre profil LinkedIn dès maintenant ! Voici mon « Top 15 » de conseils au goût du jour pour un profil LinkedIn parfaitement optimisé, expliqué en détail.

Certains d'entre eux sont très rapides à mettre en œuvre. D'autres prennent un peu plus de temps. Mais cet investissement en vaut la peine. Ces quinze conseils vous aideront à construire le profil LinkedIn et la marque personnelle que vous méritez.

Êtes-vous prêt ? Bien. Alors, commençons !

Conseil n° 1 : tenez votre profil LinkedIn à jour

Ayez toujours un profil LinkedIn à jour, avec une photo récente et des informations actuelles sur vous-même et sur ce que vous proposez.

Afin de générer des demandes de renseignements, des leads et des interactions avec les clients grâce à votre présence sur LinkedIn, la première impression de vos images d'en-tête, image de profil et titre de profil doivent impressionner en tant qu'unité dans les **sept secondes.** Si vous ratez le départ, c'est fichu.

Conseil n° 2 : le profil LinkedIn du point de vue du client

Il est psychologiquement prouvé que les visiteurs de votre profil, parmi tout ce qu'ils voient et tout ce qui leur est proposé, ne se posent que cette seule et même question :

« *Qu'est-ce que j'y gagne ?* »

Si vous répondez consciencieusement à cette question cruciale du point de vue du client dans votre profil LinkedIn, vos chances de générer des demandes, des leads et des interactions avec des clients augmenteront massivement.

Conseil n° 3 : guidez et dirigez

Pour que vous puissiez générer des demandes de renseignements, des leads et des interactions avec vos clients grâce à votre présence sur LinkedIn, être capable de guider et diriger le visiteur à travers votre profil LinkedIn est crucial.

Mais, comment diriger le visiteur sur LinkedIn ?

C'est très simple : en prenant conscience de quel est exactement le problème ou le désir de votre groupe cible et de quelles réponses et solutions vous offrez à leurs problèmes et désirs.

Conseil n° 4 : la Photo d'arrière-plan « trilogie gagnante »

Une image vaut mille mots.

La photo d'arrière-plan, l'image de profil et le titre de profil forment ensemble une unité dans votre profil LinkedIn. La « trilogie gagnante », comme je l'appelle.

Commençons par la photo d'arrière-plan.

Une image d'en-tête appropriée vous aidera à communiquer clairement votre positionnement, à vous différencier de vos concurrents, à attirer l'attention, à ce qu'on se souvienne de vous et à transmettre le point de vue le plus important d'un visiteur de votre profil : la réponse à la question « *Qu'est-ce que j'y gagne ?* »

LinkedIn propose, par défaut, quelques images présélectionnées que vous pouvez utiliser comme images d'en-tête, mais créez votre propre image.

Si vous souhaitez vous lancer dans le graphisme par vous-même, **www.Canva.com** offre de nombreuses possibilités pour créer des images d'en-tête. Si vous souhaitez engager un professionnel abordable pour le faire à votre place, vous le trouverez sur **www.Fiverr.com.**

Voici les points clés pour créer une image d'en-tête parfaite :

- Toujours se différencier par une touche personnelle « pétillante »
- Texte : décrivez en une phrase/slogan quelle est votre activité
- Image : intégrez une image dans laquelle les gens peuvent voir quelle est votre offre.
- Ou choisissez une image on peut voir la façon dont vous faites votre travail
- CTA : Toujours ajouter un appel à l'action
- Format : 1536 x 396 pixels
- Taille de l'image : 4 MB max
- Utilisez des couleurs contrastées, mais n'en faites pas trop :-)
- Évitez les images de personnages de bandes dessinées

Conseil n° 5 : la photo de profil - comment choisir une bonne photo de profil

Votre photo de profil est un autre élément clé de la « trilogie gagnante » de votre présence sur LinkedIn. Nous, les humains, sommes des créatures visuelles. Les recherches menées sur LinkedIn ont montré que cette petite photo seule, avec votre visage dessus, a **14 fois plus de chances d'être** vue par le visiteur du profil que tout autre élément de votre profil LinkedIn. Cool, non ? Mais comment choisir la bonne photo de profil ?

Voici les points clés pour choisir la bonne photo de profil LinkedIn :

- Choisissez une photo récente !
- Format : 400 x 400 pixels
- Taille de l'image : 4 MB max
- Utilisez une photo haute résolution
- Assurez-vous que votre visage représente au moins 60 % de la surface
- Soyez la seule personne dans le tableau. Pas d'animaux de compagnie non plus
- N'oubliez pas de sourire, même avec les yeux
- Évitez les arrière-plans qui pourraient distraire l'œil de votre visage
- Portez les vêtements que vous porteriez pour votre travail et votre activité
- Montrez un peu de votre personnalité, mais restez professionnel à tout moment
- Ne vous fiez pas à une photo d'iPhone, sauf si elle est de très bonne qualité
- Renouvelez votre photo de temps en temps, afin que les prospects vous reconnaissent hors ligne

Là encore, des études psychologiques ont montré que si vous téléchargez une photo souriante de vous-même, votre profil a jusqu'à **8** fois plus de chances d'être vu. C'est plutôt compréhensible, non ? Personne n'a envie de travailler avec des visages sombres.

Conseil n° 6 : le titre du profil - 120 caractères qui vous positionnent clairement

Le troisième élément clé de la « trilogie gagnante » est la création d'un titre LinkedIn convaincant apparaissant sous votre nom et prénom dans votre profil.

Comme nous l'avons appris, le titre, avec la photo d'arrière-plan et la photo de profil, est la première chose que les visiteurs de votre profil vont examiner.

LinkedIn vous donne 120 caractères pour un titre professionnel. Cet encadré est un endroit merveilleux pour placer deux à trois mots-clés. Ces mots-clés sont importants pour que l'algorithme de LinkedIn vous trouve et vous montre dans les résultats de recherche.

Bien entendu, il ne suffit pas de simplement apparaître dans les résultats de la recherche, car de nombreux autres profils de concurrents sur LinkedIn y figureront également. Ainsi, pour vous différencier de tous les autres, vous devez vous assurer que votre titre attire l'attention des visiteurs de votre profil comme un aimant.

Il doit être aussi engageant et inspirant que possible pour vos clients idéaux, afin qu'ils cliquent d'abord sur votre profil LinkedIn pour en savoir plus sur vous.

Au fait...

Il se peut que certains de vos collègues de l'industrie vous affirment que le titre de LinkedIn ne devrait être utilisé que formellement comme un titre de poste. Ce n'est pas vrai.

Aucune règle ne stipule que la description de votre profil ne doive comprendre qu'un titre de poste. Au contraire. Utilisez ce champ en votre faveur pour a) être trouvé par l'algorithme LinkedIn et b) en dire plus sur...

- Comment vous percevez votre rôle
- Pourquoi vous faites ce que vous faites
- Ce qui vous fait tiquer

- Ce que vous représentez
- Ce que vous *ne* défendez *pas*
- Les points forts qui renforcent votre crédibilité
- Donner un aperçu de ce que vous faites et pour qui vous le faites
- Montrer les solutions et les résultats que vous offrez à vos clients

Mais communiquez toujours du point de vue du visiteur de votre profil, qui veut inconsciemment connaître la réponse à sa seule question : « *Qu'est-ce que j'y gagne ?* » Si vous suivez ces conseils, vous aurez 8 fois plus de chances de gagner la course contre vos concurrents dans le secteur.

Note

Une formule gagnante pour écrire un titre de profil parfait est d'utiliser ce que l'on appelle la « formule de l'ascenseur ». Quand on me demande ce que je fais dans la vie, j'aime souvent utiliser cette formule.

La « formule de l'ascenseur » se déroule ainsi :

J'aide _____ (ma niche)
dans _____ (son problème)
avec _____ (ma solution client)
de _____ (mon offre).

Ma « formule de l'ascenseur » est donc la suivante :

J'aide les <u>prestataires de services et consultants</u> dans <u>l'acquisition de nouveaux clients</u> avec <u>des concepts d'acquisition sur-mesure</u> de mon <u>coaching en ligne 1:1</u>.

Si nécessaire, vous pouvez réduire cette « formule de l'ascenseur » à 120 caractères et l'utiliser ensuite comme titre de profil.

Voici mon titre de profil personnalisé :

J'aide les prestataires de services dans l'acquisition de nouveaux clients numériques avec des concepts d'acquisition sur-mesure dans coaching 1:1.

La « formule de l'ascenseur » fonctionne toujours et partout. Egalement dans le secteur privé.

Conseil n° 7 : l'"URL du profil - créer *une vanity URL*

Par défaut, LinkedIn crée automatiquement une URL pour vous lorsque vous enregistrez un nouveau compte LinkedIn standard. L'URL de votre profil consiste simplement en une combinaison compliquée de chiffres difficiles à retenir.

Cette URL contient votre prénom, un point, votre nom, une barre oblique, une série de chiffres avec un trait d'union et une autre série de chiffres, comme LinkedIn.com/in/Massimiliano.Salerno/154936-863459 ou quelque chose du genre.

Dans les paramètres personnels de votre profil, vous pouvez créer vous-même une *vanity URL*, afin de faciliter l'accès aux visiteurs du profil et aux parties intéressées. Créez maintenant votre *vanity URL*, de préférence avec votre prénom et votre nom de famille simples. Ma vanity URL est LinkedIn.com/in/Massimiliano-Salerno

Note

Je vous recommande de ne PAS utiliser votre nom d'entreprise ici, car il s'agit de votre profil personnel LinkedIn. Il n'y a aucune garantie que vous serez propriétaire ou que vous travaillerez pour la même entreprise à l'avenir. Mais votre nom est quasi garanti de rester identique dans le futur. Utilisez donc toujours votre nom personnel pour votre marque personnelle.

Conseil n° 8 : les coordonnées - facilitez la vie de vos prospects

Ensuite, vous devez mettre à jour vos coordonnées (si nécessaire). Vous pouvez saisir votre adresse électronique, votre numéro de téléphone, votre numéro de portable, votre adresse Skype et toute autre information que vous souhaitez être vue.

Faites en sorte que vos clients idéaux puissent vous contacter le plus facilement possible. Après tout, vous voulez bientôt vendre votre offre significative à vos prospects.

Conseil n° 9 : les infos de profil

Les infos de profil peuvent contenir **jusqu'à 2565 caractères**, ce qui correspond à environ une page A4.

Vous vous en souvenez ?

Afin d'être trouvé dans les résultats de recherche par vos clients idéaux, l'algorithme LinkedIn utilise les textes de votre titre de profil et de vos infos de profil". Veillez à ce que les mots-clés les plus importants soient placés dans le texte avec lequel vous voulez être trouvé par vos clients idéaux.

Fondamentalement, plus les mots-clés apparaissent souvent dans votre profil LinkedIn, plus l'effet sur les résultats de recherche est positif. Cela signifie que vous serez automatiquement affiché plus haut dans les résultats de recherche par l'algorithme LinkedIn.

Mais n'en faites pas trop.

Pour que vos infos de profil n'aient pas l'air d'avoir été écrites par un perroquet ivre qui ne cesse de se répéter, je vous recommande d'appliquer la règle dite « des 5 % » pour l'optimisation des mots-clés.

Règle des 5 % = mentionnez votre mot-clé dans le texte cinq fois tous les cent mots.

Avec la règle des 5 %, vous aurez (presque) toujours une place au soleil grâce à l'algorithme LinkedIn. Une fois que quelqu'un se retrouve sur votre profil LinkedIn et « survit » au-delà des sept secondes de la règle évoquée précédemment, vos infos de profil deviennent extrêmement importantes. Parce que maintenant, vos prospects peuvent en apprendre davantage sur vous, sur votre ^pourquoi et sur votre offre.

Voici les points essentiels pour créer les parfaites infos de profil :

- Vos infos de profil ne doivent pas être un curriculum vitae ou une biographie, sauf si vous êtes à la recherche d'un emploi. Racontez l'histoire derrière votre pourquoi.
- Rédigez vos infos de profil à la première personne. Même si votre profil est axé sur les affaires, LinkedIn reste un réseau social. N'oubliez pas d'être « social » vous aussi.
- Adressez-vous directement à votre public cible. Parce que vos prospects veulent savoir s'ils sont au bon endroit et si vous êtes

la bonne personne pour les aider à résoudre leur problème spécifique.
- Pour optimiser votre profil et être encore mieux trouvé, placez les mots-clés les plus importants dans le texte selon la règle des 5 %.

La formule la plus efficace pour rédiger des infos de profil convaincantes et axées sur le client consiste à veiller à ce que les points suivants soient respectés :

1. Être crédible
2. Apporter la solution au problème du client
3. Appeler à l'action suivante (*Call to action*)

Crédibilité

Bâtissez d'abord votre section sur la crédibilité. Cette section doit contenir un ou deux paragraphes qui expliquent au client potentiel qui vous êtes, votre histoire et pourquoi vous faites ce que vous faites (l'histoire derrière votre pourquoi).

Mentionnez les expériences personnelles qui ajoutent à votre crédibilité, comme l'attention des médias, les publications, les clients connus, les années d'expérience, les études de cas, les livres écrits, ou tout ce qui vous distingue humainement et/ou professionnellement et vous fait sortir du lot.

Le début des infos de profil est crucial, puisqu'il est visible directement sous le titre de profil" et la photo de profil. Les visiteurs du profil ne peuvent lire que les deux premières lignes du texte intégral. Pour voir toutes les informations de votre profil, il faut cliquer sur le lien « *voir plus* » et ouvrir le reste de la zone de contenu.

Vous devez être en mesure de susciter l'intérêt des visiteurs du profil avec les deux premières lignes de telle sorte qu'ils cliquent sur le lien « *voir plus* » pour en savoir plus sur vous.

La solution au problème du client

Ensuite, décrivez vos clients idéaux. Cela aidera vos prospects à se reconnaître et à savoir qu'ils sont au bon endroit. C'est là que tout ce que nous avons abordé dans le chapitre deux sera essentiel.

Décrivez le type de clients avec lesquels vous souhaitez travailler et à qui vous souhaitez parler. Il faut aller droit au but, décrire la solution à leur problème et la rendre acceptable.

L'appel à la prochaine action - le CTA (*Call to Action*)

Enfin, vous devez lancer un appel clair à l'action : le CTA (*Call to Action*). Voulez-vous que les prospects décrochent le téléphone et vous appellent ? Voulez-vous qu'ils vous envoient un courriel ? Voulez-vous qu'ils laissent leur adresse électronique en échange d'un livre ou d'une liste de contrôle téléchargeables au format PDF ? Quel que soit l'appel à l'action que vous envisagez, soyez clair et concis. Dites toujours aux prospects exactement ce que vous voulez qu'ils fassent ensuite.

Conseil n° 10 : la section expérience

Cette section décrit ce que vous faites actuellement dans votre entreprise ou à votre poste actuel. Cette section offre également une autre possibilité d'ajouter des mots-clés à votre profil. Dans cette section, vous disposez de **2000 caractères** pour décrire votre expérience professionnelle actuelle et l'utiliser à votre avantage.

La formule pour votre expérience professionnelle actuelle est similaire à celle que vous avez utilisée pour rédiger vos informations de profil. Débutez la section sur la crédibilité de votre entreprise. C'est là que vous parlez de l'entreprise pour laquelle vous travaillez ou de ce que vous faites en tant qu'entrepreneur indépendant. C'est là que vous partagez avec vos prospects les informations uniques sur votre entreprise.

Ensuite, vous pouvez présenter votre offre signification avec les produits ou services que vous proposez en énumérant les différents avantages, du point de vue du client (avantages pour le client), sous forme de liste à puces.

Si vous avez des clients ou des marques connus dans votre portefeuille, incluez leurs noms comme preuve sociale. Si vous n'avez pas encore de clients ou de marques connus, pas de problème. Il vous suffit d'indiquer le type et le secteur des clients avec lesquels vous travaillez ou avez travaillé.

Exemple du type de clients

« Nous aidons les agences à trouver leur créneau et à cibler de nouveaux clients. »

Exemple de branche de clients

« Nous travaillons avec succès avec des agences de marketing, des agences de publicité, des webagences, des agences de relations publiques et des agences événementielles. »

Enfin, incluez un appel à l'action dans la description de votre expérience professionnelle actuelle. Vous pouvez utiliser le même appel à l'action que dans vos infos de profil.

Conseil n° 11 : la rubrique formation

Remplissez maintenant votre section de formation. C'est très facile. Dans cette section, insérez uniquement les formations que vous avez suivies après la scolarité obligatoire.

Pour que votre profil LinkedIn ait l'air complet, il doit comprendre un paragraphe qui décrit brièvement l'expérience professionnelle antérieure pertinente et donne un aperçu de votre carrière. Votre expérience professionnelle passée n'a pas besoin d'être aussi complète que votre expérience professionnelle présente.

Conseil n° 12 : la fonction Parcours

LinkedIn dispose d'une fonction « Parcours » où vous pouvez ajouter des vidéos, des présentations, des articles de blog et des PDF. L'ajout de documents pertinents à votre expérience professionnelle actuelle rend votre profil LinkedIn plus intéressant visuellement et fournit aux visiteurs du profil des informations supplémentaires à votre sujet. Cela renforce visuellement votre positionnement en tant qu'expert.

L'ajout de vidéos à votre profil LinkedIn est très efficace. Vous pouvez inclure une vidéo de produit, d'entreprise ou de témoignage.

Les PDF peuvent par exemple se présenter sous forme de check-lists, de graphiques ou de présentations. Ces PDF doivent contenir des instructions pertinentes, étape par étape, qui permettront au client potentiel d'obtenir ses premiers succès.

Conseil n° 13 : le domaine compétences

Profitez de la section compétences de votre profil LinkedIn pour ajoutez une liste d'« Expertise » qui vous distingue.

Dans cette section du profil, vous pouvez également ajouter vos mots-clés les plus importants, ceux pour lesquels vous voulez être trouvé.

Les compétences et recommandations que vous indiquez peuvent être confirmées par vos contacts LinkedIn. Assurez-vous d'énumérer en premier lieu les trois compétences pour lesquelles vous souhaitez être reconnu.

Conseil n° 14 : la section réalisations

Si vous êtes un « un talent pour les langues », un « accro aux diplômes » ou si vous avez reçu des prix dans votre vie qui mettent en évidence l'histoire derrière votre pourquoi, alors faites briller votre profil LinkedIn dans cet espace.

Cette section vous aidera à mettre l'accent sur les trois points suivants:

- Votre professionnalisme
- Votre crédibilité
- Votre identité : cela aidera votre client idéal à vous connaître, à vous aimer et à vous faire confiance

Les différentes sous-catégories des réalisations sont :

- **Les publications** : listez vos travaux publiés et vous serez trouvé **7 fois plus** par l'algorithme de LinkedIn
- **Les brevets** : présentez votre innovation et votre expertise et obtenez **5 fois plus** de vues sur votre profil
- **Les cours** : énumérez les cours que vous avez suivis dans le cadre de vos études ou de votre formation
- **Les projets** : ajoutez des projets convaincants à votre profil LinkedIn pour mettre en valeur votre expérience

- **Les prix et récompenses** : ajoutez tous les prix, honneurs, reconnaissances ou distinctions que vous avez obtenus au cours de votre carrière
- **Les résultats d'examens** : indiquez ici vos notes et vos résultats d'examen si vous avez atteint le maximum à un examen particulier (surtout en tant que diplômé)
- **Les langues** : montrez vos aptitudes linguistiques, par exemple pour un emploi, une mission à l'étranger ou pour clarifier le cercle géographique de vos clients idéaux
- **Les organisations** : montrez ce qui est important pour vous et ce que vous représentez, par exemple votre engagement personnel dans des clubs, associations, organisations ou communautés

La catégorie publications est excellente pour démontrer votre expertise sur votre sujet. Incluez des contenus ou des ressources que vous avez créés qui seront utiles à vos clients idéaux et qui mettront en valeur votre expertise. Il peut s'agir de livres, d'e-books, de rapports, de livres blancs ou d'articles que vous avez élaborés.

Incluez tous les honneurs et toutes les récompenses que vous avez reçus à titre individuel ou au nom de votre entreprise. Cela renforce votre expertise et votre crédibilité.

Conseil n° 15 : les recommandations – où, quand et comment ?

Obtenir des références vous conférera un avantage décisif à peu de frais. Pour obtenir des recommandations, votre profil LinkedIn est un excellent outil pour fournir des preuves sociales essentielles.

Lorsqu'il faut décider avec qui faire des affaires, les gens sont souvent influencés par les décisions que d'autres ont prises avant. Les gens font confiance aux gens.

Conclusion : plus vous avez de références, mieux c'est.

Demandez par exemple aux clients existants, aux partenaires commerciaux sérieux ou aux fournisseurs de longue date. L'objectif est de recevoir cinq à dix recommandations de personnes crédibles qui vous soutiennent, vous et vos actions.

Lorsque vous demandez une recommandation, n'utilisez PAS le message prédéfini par LinkedIn. Personnalisez plutôt l'objet comme le corps du texte. Plus votre communication est personnelle, plus vous avez de chances d'obtenir des recommandations plus rapidement.

Note

Lorsque vous demandez aux gens de vous solliciter une recommandation tous ceux à qui vous demandez de le faire ne donneront pas suite immédiatement. Certains se sentent même pris au dépourvu, même si ces personnes vous connaissent, vous respectent et veulent vous aider.

Pourquoi ? Voici quelques raisons.

Par exemple, si votre demande de recommandation parvient aux personnes interrogées alors qu'elles sont occupées, elles pourraient penser :

« Oh, bien sûr ! Cela me ferait plaisir ! Je le ferai dès que j'aurai le temps. »

ou encore :

« Bien sûr ! J'aimerais bien ! Mais je ne sais même pas quoi écrire ? Mmm, je n'ai pas le temps de me soucier de ça pour l'instant. Je m'en occuperai plus tard. »

Et ce qui arrive souvent, c'est que vous n'obtenez jamais de recommandation de la part de ces personnes parce qu'elles ne cessent de remettre à plus tard, voire d'oublier au fil du temps. C'est humain.

Mais quelle est la meilleure façon d'obtenir des recommandations ?

La clé pour obtenir des recommandations est de battre le fer tant qu'il est chaud. Chaque fois que je reçois une sorte de témoignage ou d'éloge par e-mail ou par WhatsApp, je remercie abondamment la personne et je lui demande immédiatement si elle est d'accord pour que j'utilise ce message comme une recommandation LinkedIn. La réponse est toujours positive.

Pour les recommandations, vous devez également contacter des personnes avec lesquelles vous avez travaillé dans le passé. Encore une fois, je vous conseille de toujours personnaliser vos messages. Le texte pourrait en être le suivant :

Bonjour <Mme/M. Nom>,

Comment allez-vous ? J'espère que tout va bien pour vous !

Je suis actuellement en train de lire le livre de Massimiliano Salerno intitulé LinkedIn Marketing Business *et je pense optimiser mon profil LinkedIn comme l'ouvrage le décrit si bien.*

J'ai appris que la section recommandations est un élément clé important dans la création d'un profil professionnel LinkedIn et c'est là que j'ai pensé à vous.

Je vous demande donc :

Serait-il possible d'obtenir une recommandation personnelle de votre part concernant le projet sur lequel nous avons travaillé en équipe avec beaucoup de succès ?

Votre recommandation personnelle compterait beaucoup pour moi.

Je me réjouis de recevoir une réponse favorable de votre part aujourd'hui !

Meilleures salutations et portez-vous bien !

Sincèrement,
<Votre nom>

Un profil LinkedIn complet et professionnel avec des recommandations fournit des preuves sociales qui amélioreront grandement vos processus de social selling.

Avant de lire le chapitre suivant, veuillez optimiser les quinze conseils dont nous avons parlé de A à Z. Une fois que vous aurez mis en œuvre chaque point individuel de votre profil, vous aurez un profil LinkedIn parfaitement optimisé et vous serez prêt à poursuivre votre « voyage LinkedIn » avec succès.

À partir de ce moment, vous serez prêt à entrer en contact avec des prospects et à attirer vos clients idéaux grâce à LinkedIn.

CHAPITRE QUATRE
LA NÉTIQUETTE LINKEDIN : QUAND LES BONNES MANIÈRES APPORTENT PLUS DE CHIFFRE D'AFFAIRES

Selon Wikipédia, le terme «nétiquette» signifie «*la bonne ou la conduite appropriée et respectueuse dans la communication technique.*»

Ce terme décrivait à l'origine des recommandations comportementales sur Internet. Cependant, il est maintenant utilisé pour tous les domaines dans les réseaux de données.

Ainsi, lors de l'utilisation de LinkedIn, il existe des règles explicites et implicites. Dans ce chapitre, nous aborderons les meilleures pratiques de nétiquette à suivre lors de l'utilisation de LinkedIn pour la génération de prospects par le social selling.

Si vous ne suivez pas la « nétiquette » appropriée de LinkedIn, vous risquez de nuire à votre crédibilité et de ralentir vos résultats de social selling.

La nétiquette du marketing social

La personnalisation

La personnalisation des messages textuels est l'un des éléments les plus importants de la communication sur LinkedIn. Les SMS personnalisés sont essentiels pour chaque demande de contact que vous envoyez à des personnes que vous ne connaissez pas, ou du moins que vous ne connaissez pas bien.

LinkedIn vous fournit un texte standard. Cependant, vous devez à tout prix éviter d'envoyer cette invitation standard. Si vous le faites, vous serez considéré par vos clients potentiels comme faisant partie de « la masse ».

Prenez toujours le temps au préalable de faire quelques recherches sur la personne et sur l'entreprise de cette personne et n'envoyez qu'ensuite votre demande de contact personnalisée.

Cette pratique plus adaptée fera la différence entre une personne qui clique sur « accepter » ou « Ignorer » dans votre demande de contact.

Si vous voulez construire un réseau de vente sociale solide, l'invitation standard est à bannir. Je reçois des demandes de contact chaque semaine, mais seulement 5 % d'entre elles sont personnalisées. Cela signifie que si vous appliquez déjà cette règle de la nétiquette LinkedIn, vous allez vous différencier de vos concurrents de manière significative.

Au chapitre six, nous allons entrer dans les détails et donner des exemples de messages textuels que vous pourrez utiliser comme demandes de contact personnalisées.

Envoyer un message de bienvenue

D'ACCORD. Mettons que vous avez repris contact avec quelqu'un sur LinkedIn.

Quelle est la prochaine étape ?

J'ai entendu tant de fois les utilisateurs de LinkedIn dire :

« Je ne génère pas de leads sur LinkedIn. Cela ne fonctionne pas dans mon secteur. »

Pourquoi ?

Car la majorité de ces personnes n'ont jamais dépassé le stade de l'envoi et de la réception de demandes de contact.

Vous ne pouvez pas vous attendre à ce que quelqu'un vous prenne au sérieux, vous vous ou votre entreprise, avec cette manière de vendre socialement. Ou bien invitez-vous immédiatement chez vous tous les gens que vous avez croisés dans la rue et que vous avez salués d'un « bonjour » bourru ?

Je ne crois pas.

Si vous voulez être actif sur LinkedIn ou tout autre réseau social, comme Facebook, Instagram, Twitter ou d'autres, vous ne pourrez jamais établir de relations commerciales ciblées et durables avec cette stratégie « de la main tendue ».

Comme mentionné dans l'introduction de ce livre, je suis convaincu qu'une fois que vous aurez cessé de collectionner des contacts comme des trophées et que vous vous concentrerez sur l'établissement de relations, votre confiance et votre crédibilité augmenteront, tout comme vos chances de gagner de nouveaux clients.

Mais comment faire ?

Une fois votre demande de contact personnalisée acceptée, répondez par un message de bienvenue court et amical.

Dans ce message de bienvenue, vous remerciez votre nouveau contact et lui montrerez votre intérêt pour sa personne.

Par exemple, vous pouvez demander à votre nouveau contact de vous parler d'un élément de son profil ou de son entreprise, ou le féliciter pour une chose qu'il a récemment écrite ou partagée sur LinkedIn.

Si vous trouvez un « terrain d'entente » avec votre nouveau contact, mentionnez-le. Il peut s'agir d'expériences ou de contacts communs, par exemple. C'est là que commence le processus de création de relations avec des clients potentiels sur LinkedIn.

Et quoi que vous fassiez, ne demandez JAMAIS à votre nouveau contact d'ACHETER quoi que ce soit dans ce message. Si vous le faites, tout le travail préparatoire aura été gaspillé.

Afin de connaître vos nouveaux contacts, il est élémentaire de suivre ces étapes de nétiquette. Peu importe le nombre de nouveaux contacts que vous avez, vous n'en tirerez aucun avantage si vous ne prenez pas le temps de nouer une relation avec eux.

Les messages non pertinents sont considérés comme des spams.

Le terme « spam » a une signification différente selon les personnes. Pour moi, le spam est un message où le destinataire n'a aucune valeur et ne présente aucun avantage.

Assurez-vous que tout message que vous envoyez est toujours pertinent pour celui qui le reçoit. Sinon, ne vous étonnez pas si l'on ne vous répond pas ou si on vous étiquette comme « spammeur ».

Je reçois souvent des messages de personnes sur LinkedIn qui me demandent si cela m'intéresse d'apprendre comment générer de nouveaux prospects sur LinkedIn et les convertir en clients rentables. Ces individus n'ont manifestement pas pris le temps de parcourir mon profil LinkedIn ni de découvrir mon entreprise.

J'aime aussi beaucoup les nouvelles de membres qui m'invitent « spontanément » à leur « brunch de réseautage » le jour même dans un hôtel de l'aéroport de Hambourg, à 833 km de chez moi à Bubendorf en Suisse :-)

D'autres sur LinkedIn utilisent des outils ou des logiciels pour envoyer des messages en masse. En opérant ainsi, ils envoient à l'ensemble de leur réseau LinkedIn le message prédéfini de LinkedIn, qui n'est pas pertinent en termes de contenu pour 99,9 % de leur réseau.

Rien ne détruit la relation avec un prospect aussi rapidement que l'envoi de messages standard, non pertinents et inappropriés.

Conclusion

N'envoyez pas de messages à caractère commercial ou non pertinents à vos nouveaux contacts.

Ils considéreront ces messages comme du spam. N'envoyez jamais à vos nouveaux contacts que des messages qui apportent une valeur ajoutée, qui sont à leur avantage et qui établissent une relation.

Répondre aux messages. Tout de suite.

Tout comme un courriel, la rapidité de votre réponse est souvent aussi importante que le contenu du message en lui-même.

Lorsque vous envoyez des messages à vos nouveaux contacts, il est très probable que certains d'entre eux vous répondent. Consultez donc régulièrement votre boîte de réception LinkedIn et répondez aux messages que vous recevez dans les plus brefs délais.

Qui a regardé votre profil ?

Vérifiez-vous régulièrement quelles sont les personnes qui ont consulté votre profil LinkedIn. Si vous ne le faites pas, vous risquez de passer à côté de clients potentiels qui ont déjà manifesté leur intérêt pour vous, vos produits ou services.

Comme nous l'avons appris, les gens recherchent souvent des experts sur LinkedIn. S'ils ont atterri sur votre profil mais n'ont pas encore pris l'initiative de vous envoyer une demande de contact, c'est l'occasion de contacter les curieux et de leur envoyer une demande de contact personnalisée.

D'ailleurs, vous n'êtes pas obligé de le mentionner explicitement dans votre message :

« J'ai vu que vous regardiez mon profil... »

Si vous avez un compte standard gratuit, vous verrez les cinq derniers visiteurs qui ont consulté votre profil LinkedIn. Si vous avez un compte Premium, vous verrez tous les visiteurs qui ont consulté votre profil LinkedIn au cours des 90 derniers jours.

Une fois que vous serez plus à l'aise avec LinkedIn, je vous recommande de convertir votre compte standard en compte Premium. En effet, plus vous maîtrisez LinkedIn, plus les clients potentiels atterrissent de façon naturelle sur votre profil. Cinq visiteurs, c'est bien. Cinquante, c'est mieux.

Vos activités

Il est facile pour les visiteurs de votre profil de voir à quel point vous êtes actif ou plutôt inactif sur LinkedIn. Votre activité et votre engagement vous permettront de garder vos contacts en tête et sont des éléments importants de l'établissement de relations d'affaires.

Vous ne pouvez pas nouer de relations si vous n'êtes pas présent et s'il n'y a pas de communication avec vos clients potentiels.

Une bonne façon de rester actif et visible est de publier régulièrement des contenus pertinents. Cela peut prendre la forme de messages, d'articles, de vidéos ou de photos qui seront visibles dans le flux d'informations.

Il est également très important d'intégrer les messages et articles de vos contacts LinkedIn dans votre flux d'informations, par exemple en les appréciant, en les commentant ou en les partageant. À condition que le contenu soit pertinent pour tous.

Les paramètres de confidentialité

Les paramètres de confidentialité sont destinés à votre protection. Toutefois, n'oubliez pas que LinkedIn est une plate-forme de réseautage professionnel où vous élargissez votre réseau professionnel et non votre réseau personnel.

Les préférences en matière de bière et les photos de vacances à la plage n'ont pas leur place ici.

Dans cet esprit, permettez à votre profil LinkedIn d'être public et assurez-vous que votre nom complet est visible par tous vos contacts LinkedIn. Permettez aux gens d'être avertis lorsque vous êtes mentionné et permettez à vos contacts LinkedIn personnels de voir votre liste de contacts à tout moment.

S'il n'y a sur LinkedIn que des membres avec lesquels vous *ne* voulez *pas* partager vos informations, alors ces personnes ne doivent pas faire partie de votre réseau LinkedIn.

Il est préférable de supprimer ces personnes directement de votre base de données LinkedIn.

N'ajoutez jamais de contacts à votre liste e-mail

N'exportez pas vos contacts LinkedIn par courriel dans un outil de marketing et n'envoyez pas de courriels par l'intermédiaire d'un fournisseur externe de services de marketing.

Ce n'est pas parce qu'un prospect vous a contacté sur LinkedIn que vous avez la permission d'ajouter ces contacts à votre liste personnelle de diffusion, en dehors de LinkedIn, ou de leur envoyer des courriels.

La preuve sociale

La preuve sociale (= la référence reconnue par le public) montre que d'autres personnes ont déjà travaillé avec vous avec succès et vous font confiance.

Il est important de faire figurer des preuves sociales sur votre profil LinkedIn. En effet, la preuve sociale augmente considérablement votre crédibilité et votre capacité à vous établir en tant qu'expert.

LinkedIn donne la possibilité d'intégrer la preuve sociale sous la rubrique recommandations dans le profil personnel. Nous avons déjà expliqué comment cela fonctionne au chapitre trois.

Publier des contenus qui ont de la valeur

Maintenez toujours votre réseau LinkedIn à jour avec un contenu de valeur. Toutefois, un contenu de valeur n'est que celui qui est considéré comme précieux dans l'esprit de vos prospects et clients potentiels.

Lorsque vous partagez du contenu, qu'il s'agisse du votre propre ou de celui d'autres experts, votre objectif doit toujours être d'apporter une valeur ajoutée à votre public.

Toujours se comporter de manière positive et professionnelle

Il existe une différence entre prendre position et avoir une opinion.

Évitez de critiquer quelqu'un publiquement. Je vois souvent des membres LinkedIn impliqués dans des débats en ligne passionnés qui ne servent à rien d'autre qu'à décourager beaucoup de gens.

Souvenez-vous :

LinkedIn est un réseau professionnel et possède une nétiquette claire.

Ayez toujours un comportement professionnel, sinon vous risquez de perdre rapidement la crédibilité et la confiance que vous avez acquises. Cela ne signifie pas que vous ne pouvez jamais poster quelque chose de personnel. Cela signifie que vous devez vous limiter aux sujets qui sont pertinents pour votre entreprise.

Faites en sorte que vos commentaires restent positifs et évitez de perdre votre temps avec des débats négatifs ou stériles. Après tout, vous voulez gagner de l'argent avec LinkedIn et non pas gagner le prix Nobel de la paix :-)

Les groupes LinkedIn

L'un des moyens les plus rapides de développer votre réseau LinkedIn est de participer aux bons groupes LinkedIn.

Mais quels sont les « bons » groupes LinkedIn ?

Ce sont les groupes auxquels se joignent vos clients idéaux. Pour trouver des personnes via la recherche avancée de LinkedIn, votre réseau est constitué de vos contacts de 1er, 2ème et 3ème degré, ainsi que des membres des groupes auxquels vous appartenez.

Beaucoup font l'erreur de rejoindre des groupes qui sont remplis de leurs pairs dans l'industrie et donc de concurrents. Il est tout à fait possible de rejoindre certains de ces groupes. Mais ce qui est beaucoup plus important, ce sont les groupes qui sont remplis de perspectives potentielles.

Les messages LinkedIn qui nuisent à votre image de marque

Comme nous l'avons déjà appris, LinkedIn est une plate-forme commerciale sociale pour les entreprises et les professionnels. Si une chose est inappropriée, il y a de fortes chances que cette même chose" soit également inappropriée sur LinkedIn.

Ainsi, évitez les quatre types de posts suivants :

1. Les contributions controversées

Comme LinkedIn est un réseau professionnel rempli de prospects, de clients potentiels, de collègues du secteur et d'autres personnes avec lesquelles vous avez une forme de relation directe ou indirecte, il est conseillé d'éviter les sujets qui ont tendance à diviser les gens, comme la politique, les affaires ou la religion.

En particulier, les questions controversées au ton négatif n'ont pas leur place ici. Ce n'est pas parce que ces sujets ne sont pas importants ou pertinents, mais parce que LinkedIn n'est pas la plateforme adéquate pour ces discussions.

Comme de nombreuses questions divisent les gens, en discuter peut éveiller la vieille mentalité « tu es avec nous ou contre nous ».

Dans ces scénarios, être dans « le camp adverse » de celui de vos clients potentiels ou d'autres relations professionnelles peut s'avérer contre-productif.

Dans la plupart des cas, il est préférable d'éviter de poster ou de commenter ces messages.

2. Les contributions politiques et religieuses

La politique et la religion sont deux sujets qui peuvent susciter une incroyable passion chez les gens.

Tout comme les sujets controversés, ces genres de messages ont tendance à faire adhérer les gens à l'un ou l'autre camp. Pour vos contacts, cela peut être une grande insulte si vos croyances sont différentes des leurs.

3. Les contributions aux argumentaires de vente

LinkedIn est le meilleur réseau social pour conclure des affaires lucratives. Mais le vrai succès de LinkedIn vient de la création de relations avec vos clients idéaux. Une fois que le moment est bien choisi et que la communication entre vous et vos prospects passe d'en ligne à hors ligne, vous avez gagné.

En revanche, si vous essayez de conclure rapidement et directement une affaire avec des contributions d'argumentaires de vente, vous n'auriez pratiquement aucune chance de réussir.

C'est principalement hors ligne que vous avez l'occasion de mieux connaître vos prospects, de parler des problèmes qu'ils rencontrent dans leur entreprise, puis d'avoir une conversation commerciale pour vendre la solution que vous proposez.

Au début, concentrez-vous sur la valeur ajoutée et sur le fait d'être la ressource à consulter pour vos clients idéaux. Vous serez le premier à utiliser cette stratégie lorsque vos prospects auront besoin de quelqu'un pour faire ce que vous faites.

4. Les contributions personnelles inappropriées

« *Être social, c'est bien. Être professionnel, c'est mieux.* »
Cela signifie que vous ne devez pas publier sur LinkedIn des photos de votre chat, des articles sur ce que vous avez mangé à midi (sauf si c'est pertinent dans votre secteur d'activité), des photos de vacances passées, et certainement rien sur votre ex-petite amie. L'objectif est de devenir un « professionnel du social » sur LinkedIn.

Des posts LinkedIn qui renforcent votre marque personnelle

Tout comme les informations inappropriées ne doivent pas être partagées sur LinkedIn, les informations pertinentes peuvent renforcer votre expertise dans votre réseau, créer plus d'engagement et améliorer votre marque personnelle globale.

Il faut donc mettre en avant les quatre types de posts suivants :

1. Les contributions actuelles et pertinentes

Il n'y a pas de meilleur moyen pour engager la conversation avec vos contacts LinkedIn et accroître l'engagement que de parler de sujets actuels et pertinents qui apportent de la valeur à votre réseau.

Pour partager l'information sur des sujets actuels et pertinents, vous devez transmettre vos expériences et points de vue sous forme de commentaires supplémentaires d'un message, car vos contacts LinkedIn peuvent voir le même message dans le flux d'informations que celui qui a été partagé par d'autres. Mais votre expérience et votre point de vue personnels rendront ce post unique.

2. Les contributions qui stimulent des commentaires productifs

Si vous devez éviter les sujets négatifs et non liés aux affaires, il peut être bon de faire des reportages sur des sujets susceptibles de générer un débat productif et constructif sur des questions cruciales dans votre secteur ou du monde des affaires.

Le contenu et la présentation du billet doivent inciter à la réflexion et susciter des commentaires productifs, et non des débats passionnés.

3. Les contributions concernant les changements ou les expériences professionnelles

Une excellente façon d'inclure occasionnellement un peu de vous-même dans vos mises à jour de statut LinkedIn est de partager des expériences et des réalisations professionnelles ou liées au travail.

Il peut s'agir d'un nouvel emploi, d'une promotion, de la conquête d'un nouveau client ou d'une leçon tirée d'une erreur ou d'un échec.

Ces types de posts donnent à votre public cible la possibilité de mieux vous connaître en tant que personne et de vous rendre « tangible ».

4. Les posts personnels comme posts de contact

Les posts de contact peuvent être liés à une cause de ce que vous défendez ou que vous ne soutenez *pas*. Ces posts doivent être liés à une expérience ou une histoire personnelle.

Et là, Vous vous dites peut-être : « *Mais Massimiliano, tu nous as dit de rester social et professionnel* ». C'est vrai ! Mais parfois, surtout lorsqu'elle est bien faite, la publication de messages personnels peut être bénéfique.

Les « dix commandements » du social selling

Nous avons beaucoup parlé de la nétiquette, de ce qu'il faut faire et ne pas faire sur Internet, mais j'aimerais aussi vous parler de certaines compétences que vous avez déjà apprises et acquises à l'école primaire ou dans l'enseignement à domicile.

Nous les appellerons les « dix commandements » à suivre, et ce même si vous ne croyez pas que le social selling vous permette de réussir.

1. Ne pas oublier ses bonnes manières

Ne sous-estimez jamais le pouvoir des bonnes manières. N'oubliez pas de dire « s'il vous plaît » et « merci ». Montrez votre gratitude lorsque les gens s'engagent avec vous et dans vos contributions en étant reconnaissant.

2. S'adapter à de nouvelles situations

Communiquer avec des personnes que vous ne connaissez pas peut parfois être gênant. Mais la communication est la clé de l'établissement de relations, même sur LinkedIn. Il est important de sortir parfois de votre zone de confort et d'envoyer des messages personnalisés et des demandes de contact à des clients potentiels.

3. Essayer de nouvelles choses

Prenez quelques instants et posez-vous la question suivante :

« À quand remonte la dernière fois où vous avez fait quelque chose pour la toute première fois ? »

Cette question, par exemple, a été déterminante dans l'écriture de ce livre.

Ne faites pas partie de ces personnes dont le profil LinkedIn reste inactif pendant des années parce que vous avez peur de faire une erreur. Tout le monde fait des erreurs. Si vous faites une erreur, excusez-vous. Tirez les leçons de cette expérience et passez à autre chose.

4. Demander de l'aide

Si vous souhaitez rencontrer quelqu'un qui n'est pas directement connecté à votre réseau LinkedIn, mais que vous avez une connaissance qui connaît cette personne, demandez à votre connaissance si elle peut « organiser une rencontre » pour vous. Des miracles peuvent se produire.

5. Respecter les autres

Avant de poster quoi que ce soit sur LinkedIn, vérifiez toujours si vous seriez à l'aise avec son contenu devant un client potentiel. Si la réponse à cette question est oui, alors postez-le. Si cela vous amène malgré tout à engager un débat, soyez professionnel, poli et surtout respectueux jusqu'au bout.

6. Coopérer

Les collaborations et les coopérations représentent une stratégie puissante pour construire des communautés. LinkedIn est une excellente plateforme pour établir des relations avec des personnes avec lesquelles vous pouvez bénéficier d'une collaboration, puisqu'il y a des personnes dans votre réseau LinkedIn qui offrent des produits ou des services complémentaires à votre produit ou à votre service et qui peuvent par conséquent être de parfaits "partenaires de coopération".

7. Offrir son aide

Rien ne laisse une impression aussi forte et authentique que de se montrer désintéressé et généreux. Surtout lorsque vous ne vous attendez pas à recevoir quoi que ce soit en retour. Cela peut être aussi simple que de partager ou de recommander un contenu pertinent ou un livre écrit par quelqu'un de votre réseau LinkedIn.

8. Poser des questions et rester curieux

Soyez curieux. Intéressez-vous. Poser des questions ou écrire des commentaires dans les messages peut être décisif pour entamer une conversation. C'est souvent ainsi que les meilleures relations d'affaires peuvent se nouer entre deux inconnus.

9. Partager des idées

Le flux d'informations LinkedIn est un moyen fantastique de renforcer votre expertise et d'étendre votre portée. Le partage d'idées et d'informations, sous forme de posts augmente considérablement votre crédibilité en tant qu'expert. Rédigez toujours vos messages du point de vue de votre public cible et de vos clients potentiels.

10. Raconter des histoires

LinkedIn est une excellente plateforme pour partager des histoires et des expériences professionnelles ou liées au travail avec votre réseau. « Raconter des histoires » vous rend intéressant en tant que personne et en tant qu'expert et crée exactement ce dont vous avez besoin sur le plan émotionnel avec vos lecteurs : **de l'authenticité.**

Attirez donc vos lecteurs (quand c'est possible le cas échéant) avec un billet drôle, poignant ou qui fait réfléchir, qui vous rend humain et expert.

Ces « dix commandements » du social selling vous fournissent une base solide pour initier et établir des relations avec des clients potentiels, renforcer votre crédibilité et accroître la confiance lors de vos activités de social selling.

CHAPITRE CINQ
COMMENT TROUVER VOS CLIENTS IDÉAUX SUR LINKEDIN

Pour la génération de prospects sur LinkedIn, j'ai mis au point une méthode simple mais efficace que j'ai baptisée du nom de mon chien : *la méthode DASKY.*

Dasky est un Lagotto Romagnolo de quatre ans. Un chien truffier qui, par sa sociabilité sélective et ses rencontres ludiques avec des personnes partageant les mêmes idées, reflète exactement la méthode que nous utilisons sur LinkedIn pour attirer les personnes que nous voulons comme clients idéaux.

Dans ce chapitre cinq, nous apprendrons le concept de la méthode DASKY et l'appliquerons ensuite, étape par étape, dans le chapitre six. Cinq étapes définissent la méthode DASKY qui peut muter en une « machine de génération de prospects » sur LinkedIn.

Les cinq étapes de la méthode DASKY

1. Trouver les parties intéressées → **D** = Découverte : je veux vous connaître !
2. Créer un premier contact → **A** = Approche
3. Rechercher le dialogue → **S** = Si on faisait connaissance ?
4. Établir des relations → **K** = Keep contact ! (Restons en contact !)
5. Discuter hors ligne → **Y** = Youpi, lançons-nous hors ligne !

Si vous voulez vendre professionnellement sur LinkedIn, visez avant tout un objectif : faire passer les conversations avec les prospects d'en ligne à hors ligne le plus rapidement possible. Parce que c'est principalement hors ligne, par téléphone, par appel vidéo ou en tête-à-tête, que vous convertissez des prospects en clients rentables à long terme.

Cependant, il y a trois erreurs que 80 % des vendeurs font sur LinkedIn encore et encore et que vous devez éviter à tout prix :

1. Vouloir accélérer le processus en ligne et chercher à conclure la vente trop vite.

2. Mener toujours toutes les conversations en ligne uniquement.

3. Avoir un processus de vente trop lent qui fait chuter l'intérêt des clients potentiels de jour en jour.

Être trop rapide ou trop lent peut être préjudiciable à vos objectifs de vente et à vos objectifs de revenus. Détaillons les cinq étapes de la méthode DASKY afin qu'elle fonctionne pour vous.

Étape 1 : Découverte : trouver les parties intéressées

Souvenez-vous que dans le chapitre deux, nous avons parlé de la façon dont vous devez obtenir une image claire de vos clients idéaux en développant un « avatar client ». Comment la compréhension et l'utilisation du bon langage sont essentielles au succès des générations futures de leads ?

Voyons cela.

Il y a deux façons de générer des leads sur LinkedIn :

1. Génération passive de prospects (entrants)
2. Génération active de leads (sortants)

Génération passive de prospects (entrants)

La génération passive de prospects est la façon « royale » de générer des prospects sur LinkedIn.

En effet, les prospects cherchent quelqu'un dans votre domaine et ils vous trouvent. Tout ce que vous devez faire au préalable pour générer des leads entrants est de créer un profil LinkedIn parfaitement optimisé. Pour ce faire, mettez en œuvre les quinze conseils que vous avez appris plus haut et l'algorithme LinkedIn fera le reste « naturellement » pour vous.

Génération active de leads (sortants)

La génération active de prospects implique un travail continu « à l'extérieur » et s'explique mieux par un exemple.

Exemple

Supposons que votre entreprise soit une société de SaaS, et que vous ayez développé un logiciel significatif qui peut gérer et optimiser de manière centralisée et automatisée le budget publicitaire de toutes les campagnes publicitaires sur Facebook, Instagram, Bing et Google.

En outre, supposons que vos clients idéaux soient des prestataires de services ou des agences qui travaillent quotidiennement avec le marketing en ligne et qui veulent gagner plus d'argent.

Vous pouvez ensuite rechercher sur LinkedIn des personnes, des experts, des entreprises, des agences, etc.

À titre d'exemple, entrons les mots-clés suivants dans la boîte de recherche située en haut à droite sur LinkedIn :

« Expert en marketing en ligne »

Si vous utilisez les mots-clés « *expert en marketing en ligne* » dans votre recherche, les résultats de votre recherche trouveront quelqu'un qui a écrit les mots « expert », « en ligne » et « marketing » quelque part dans son profil LinkedIn, et ce même si ces mots sont séparés les uns des autres.

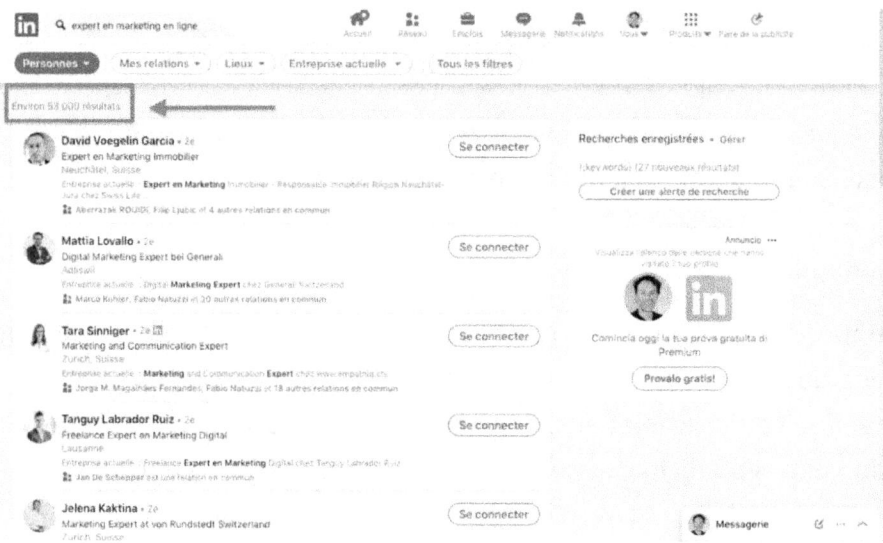

Conclusion

La recherche d'un « *expert en marketing en ligne* » a donné environ *53'000 résultats* dans le monde entier sur LinkedIn.

Grâce au filtre de recherche « Tous les filtres » avancée pour la recherche de personnes, vous pouvez désormais affiner votre recherche de manière plus ciblée. Ce filtre de recherche est idéal pour trouver des clients potentiels avec lesquels il est logique de se connecter sur LinkedIn.

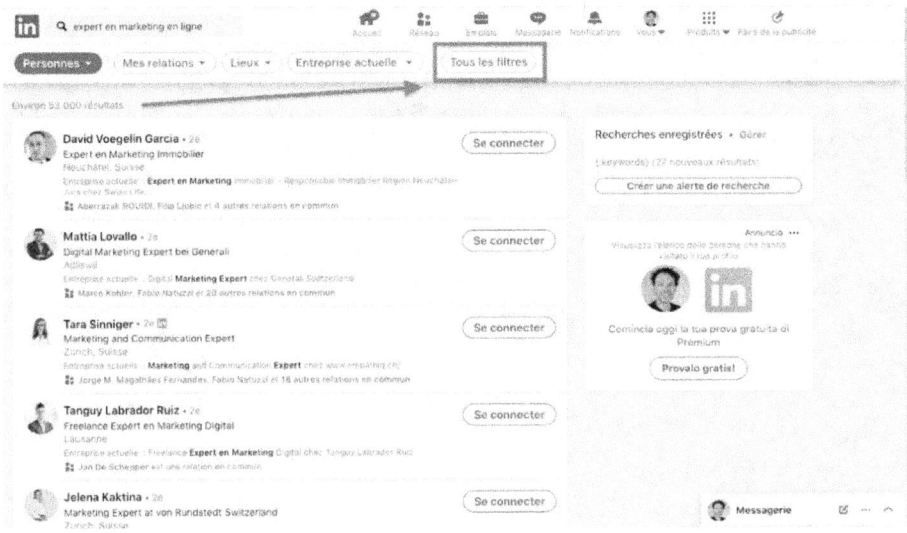

Le filtre de recherche avancée vous donne la possibilité de filtrer votre recherche afin de trouver exactement les personnes que vous recherchez en fonction de la géographie et du secteur d'activité. Cela se fait en ajoutant ou supprimant des éléments des paramètres de recherche tels que ma relation, le lieu, le secteur ou la langue du profil.

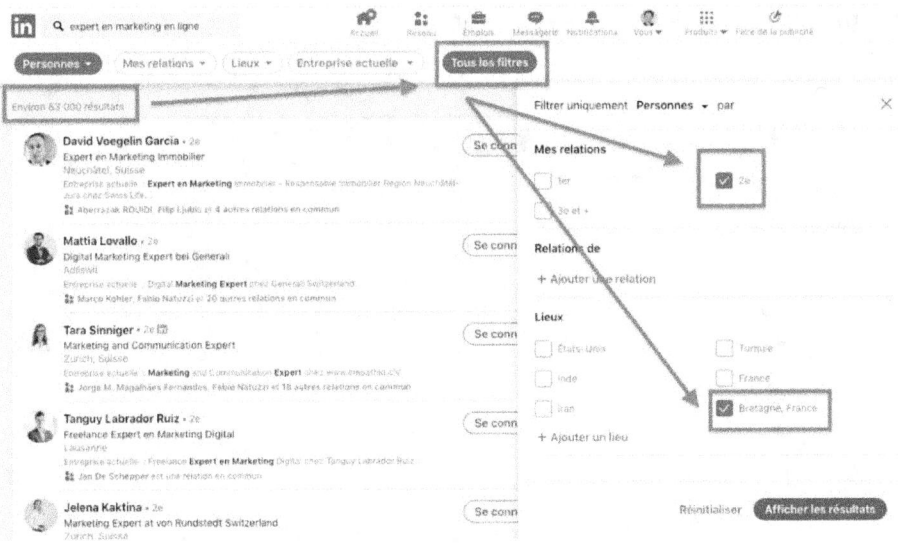

LINKEDIN MARKETING BUSINESS

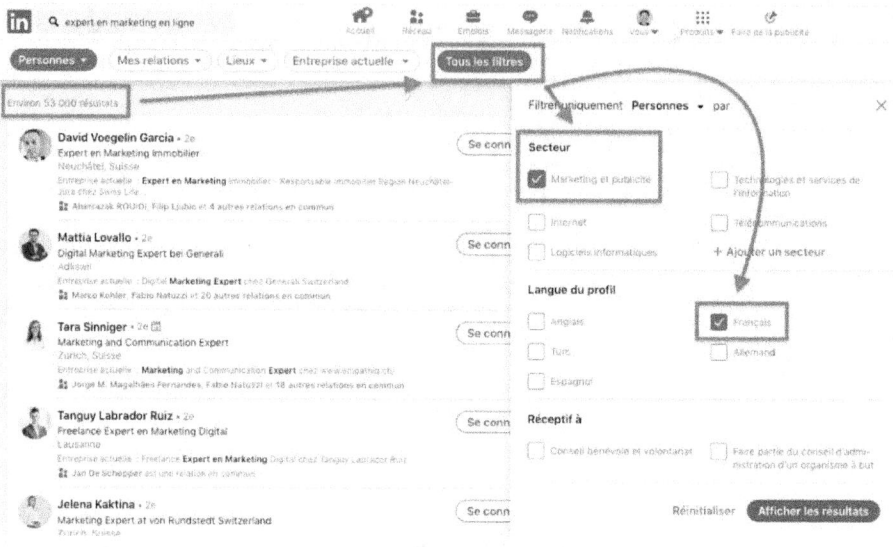

Conclusion

La recherche avancée, filtrée par relation, lieu, secteur et langue du profil et avec les mots-clés « expert en marketing en ligne » cible maintenant *206 résultats* seulement.

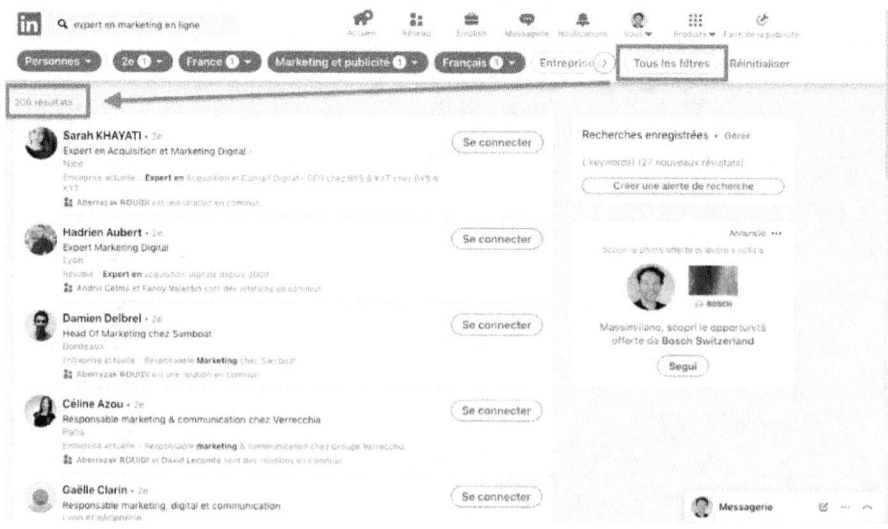

Vous pouvez également trouver des informations supplémentaires sur les personnes qui ont consulté votre profil LinkedIn. Pour ce faire, utilisez toutes les données que LinkedIn affiche sur ces personnes et sur les entreprises pour lesquelles elles travaillent. Ces informations peuvent vous donner de nouvelles idées et vous indiquer de nouveaux marchés cibles avec des clients idéaux auxquels vous n'auriez peut-être pas pensé.

Recherche LinkedIn avec opérateurs booléens

Avec les opérateurs booléens, vous pouvez combiner ou exclure plusieurs termes dans votre recherche. De cette manière, le résultat de votre recherche est élargi, restreint ou affiné. Concrètement, cela signifie que dans une recherche LinkedIn avec opérateurs booléens, vous ne saisissez pas un seul terme dans le champ de recherche, mais plusieurs.

Les opérateurs booléens :

- Recherche **citée**

Elle permet la recherche de phrases exactes -> "phrase"

- Recherche **PAS**

Elle exclut des paramètres -> PAS

- Recherche **OU**

Elle permet d'englober un ou plusieurs paramètres -> OU

- Recherche **ET**

Elle prend en compte des paramètres multiples -> ET

- Recherches **parentales**

Elles conviennent aux recherches complexes -> utilisation des guillemets [""], des parenthèses [()], PAS, ET, OU

Exemple

Par exemple, si vous voulez trouver un chef du marketing ou un chef des ventes et que vous pensez que cette personne utilise le titre « chef » comme titre de poste, alors nous pouvons effectuer une recherche parentale comme suit :

(Chef de service OU Directeur) ET (Marketing OU Ventes)

OR / AND

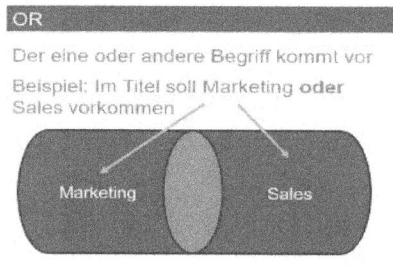
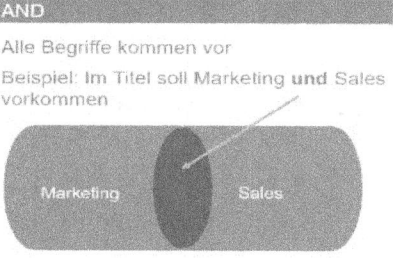

Si ces personnes ont également « conseil d'administration » dans leur titre, alors la recherche parentale ressemblerait à ceci :

(Chef de service OU Directeur OU Conseil d'administration) ET (Marketing OU Ventes).

Et si le mot « ventes » était mis au singulier ?
La recherche parentale ressemblerait alors à ceci :

(Chef de service OU Directeur OU Conseil d'administration) ET (Marketing OU Ventes OU Vente).

Une fois que vous avez constitué un petit réseau LinkedIn, vous supprimez les contacts 1er degré de vos paramètres de recherche car ils font déjà partie de votre réseau. Cherchez plutôt des contacts « au deuxième degré » avec lesquels vous pouvez vous reconnecter. Répétez ce processus quotidiennement et vous vous constituerez une merveilleuse base de contacts LinkedIn le premier mois, qui pourra se transformer en prospects potentiels pour votre offre le mois suivant.

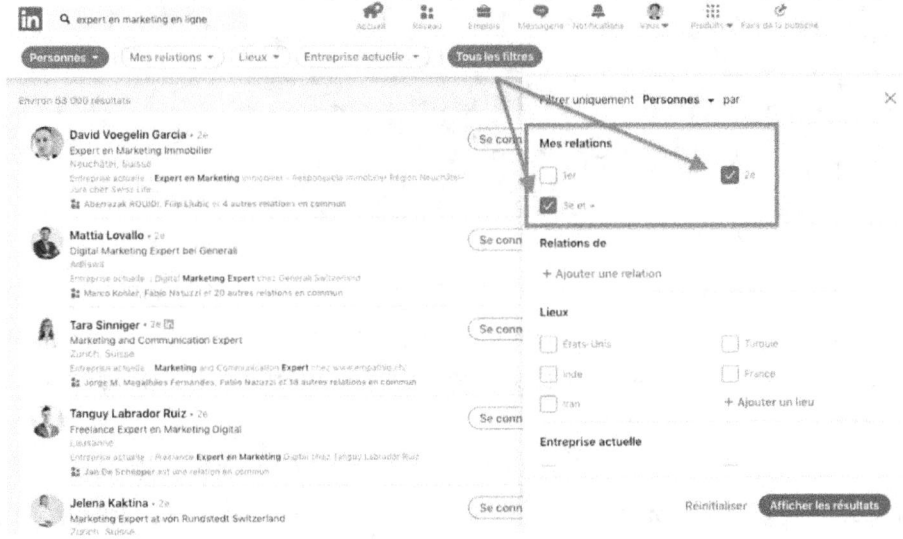

Élargissez votre réseau avec les groupes LinkedIn

Dans le cadre de votre stratégie de social selling, un excellent moyen d'étendre votre réseau LinkedIn est de rejoindre des groupes LinkedIn pertinents.

LinkedIn vous permet de **rejoindre jusqu'à 100 groupes,** ce qui vous permet d'étendre potentiellement votre portée à des milliers de prospects.

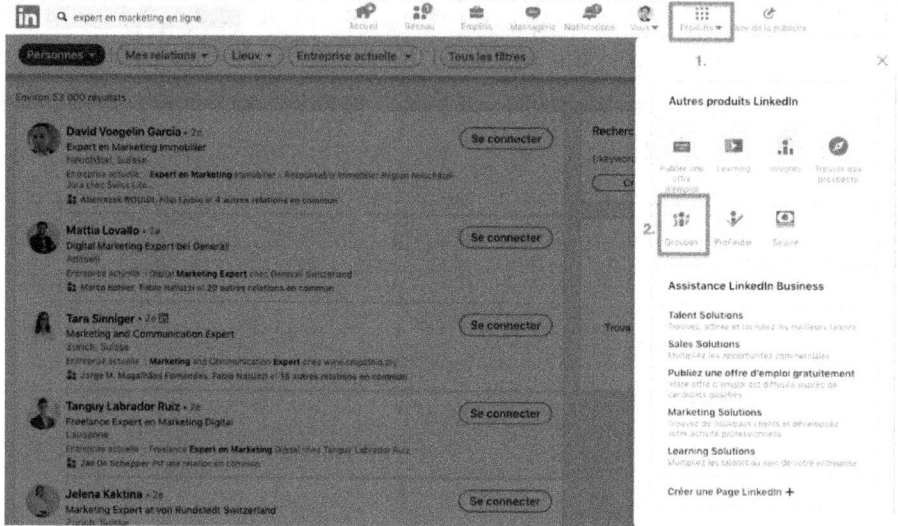

Prenez le temps d'examiner certains des groupes LinkedIn dont vos clients et clients potentiels sont déjà membres aujourd'hui. Certains d'entre eux pourraient être des groupes LinkedIn idéaux pour vous aussi.

Si votre activité, votre offre ou votre entreprise sont axées sur une région géographique spécifique, recherchez tous les groupes locaux pertinents et rejoignez-les.

Par exemple, si votre entreprise cherche à attirer des clients dans une ville comme Paris, Genève, Munich ou Vienne, il vous suffit d'entrer le nom de la ville souhaitée dans la zone de recherche sous « groupes » et de voir quels groupes apparaissent. Passez en revue ces groupes LinkedIn et déterminez ceux qui vous conviennent le mieux pour ce que vous proposez.

Mais quels sont les groupes idéaux pour votre entreprise ?

Lorsque vous consultez « LinkedIn Groupes », il y a quelques éléments spécifiques que vous devriez rechercher. Combien de membres y a-t-il dans le groupe ? Plus un groupe LinkedIn compte de membres, plus votre réseau est en mesure de se développer.

Cependant, ne sous-estimez pas un groupe avec un nombre réduit de membres, surtout s'il s'agit d'une « sous-niche » très ciblée qui est remplie de vos clients idéaux. La majorité des groupes LinkedIn que vous rejoignez doivent être des groupes auxquels votre public cible appartient.

Cependant, recherchez également certains « groupes sectoriels » avec lesquels vous partagez un intérêt professionnel et rejoignez-les. De cette façon, vous serez toujours informé de ce qui est « tendance » tout en restant au courant de ce qui se passe.

À mesure que votre réseau se développe, un autre avantage est que vous serez trouvé par un plus grand nombre de personnes, et surtout, plus souvent par l'algorithme LinkedIn lorsque quelqu'un recherche ce que vous proposez.

Étape 2 : Approche : créer un premier contact

Une fois que vous avez trouvé des prospects potentiels, vous devez établir le premier contact. Ce processus commence avec votre première demande de contact personnalisé.

Faites-en une affaire personnelle. Donnez aux gens une raison pour laquelle ils devraient se connecter avec vous. Ce que vous écrivez dans votre demande de contact déterminera en grande partie votre succès. Nous traiterons ces messages en détail dans le prochain chapitre.

Étape 3 : Si on faisait connaissance ? Démarrer le dialogue

Cette étape consiste à établir une relation et à entamer un dialogue avec votre nouveau contact. Pour ce faire, vous procéderez avec un message personnalisé.

Nous appellerons ce deuxième message le message de bienvenue. Si quelqu'un vous a envoyé un message après avoir accepté votre demande, poursuivez la conversation.

Lorsqu'un client potentiel établit un premier contact avec vous après votre demande de contact personnalisée, répondez-lui en le remerciant pour sa mise en relation.

C'est également le bon moment pour commencer à construire la relation. Pour ce faire, entamez un dialogue avec votre nouveau contact et exprimez votre intérêt à en savoir plus sur lui en tant que personne.

Étape 4 : Keep contact ! Maintenir le contact et établir une relation

Une fois que vous êtes entré en contact avec un client potentiel, le processus d'établissement de la relation ne se limite pas à un seul message. Vous devrez envoyer des messages personnalisés supplémentaires pour poursuivre sur cette lancée et leur accorder de la valeur.

Le contenu de ces messages dépend de votre secteur d'activité et de votre cible. Il est important que vous n'envoyiez PAS de contenu orienté vers la vente à ce stade du processus ou de contenu perçu comme tel par votre contact !

NE FAITES PAS l'erreur de glisser ou de promouvoir votre produit ou votre service dans un message LinkedIn. C'est le moyen le plus rapide de mettre fin à une relation.

Étape 5 : Youpi, lançons-nous hors ligne ! Poursuivre la conversation hors ligne

Enfin, l'objectif est de faire passer la conversation et la relation à un niveau supérieur : au niveau personnel. Aucune relation avec un client potentiel ne doit être cultivée exclusivement sur LinkedIn ou uniquement sur une plateforme en ligne.

Une fois que vous avez établi une certaine relation de confiance avec votre prospect et que vous lui avez apporté de la valeur à votre prospect, nombreux seront les prospects prêts à avoir une conversation hors ligne avec vous. Que ce soit par un appel téléphonique, un appel vidéo ou même une rencontre en face à face.

Cette cinquième étape de la méthode DASKY s'appelle « *Youpi, lançons-nous hors ligne !* »

C'est hors ligne que vous apprendrez à connaître vos prospects « correctement », que vous comprendrez leurs véritables défis commerciaux, et c'est hors ligne que vous serez en mesure de proposer votre solution à l'achat et convertir votre prospect en client rentable à long terme.

Maintenant que vous avez assimilé les ficelles de la méthode DASKY et la manière de trouver des clients potentiels sur LinkedIn, nous allons passer aux choses sérieuses au prochain chapitre et discuter des étapes et du calendrier en détail.

CHAPITRE SIX
UTILISER LA MÉTHODE DASKY POUR CONVERTIR LES PARTIES INTÉRESSÉES EN CLIENTS

Il est frappant de voir combien de membres sur LinkedIn ne savent pas quelles actions mettre en place après la demande de premier contact. Les questions suivantes reviennent sans cesse :

- Nous nous sommes mis en réseau, que se passe-t-il maintenant?
- Que dois-je écrire dans mon message?
- Comment puis-je envoyer un message sans passer pour un spammeur?
- Quelles sont les étapes que je dois suivre?

C'est précisément pour répondre à ces questions que la méthode DASKY a été créée et décomposée en un système simple. Avec la méthode DASKY, vous savez exactement ce qu'il faut dire, faire et quand le faire.

La méthode DASKY est un système qui permet d'envoyer une séquence de messages à des clients potentiels en commençant par un premier contact sur LinkedIn et débouchant idéalement sur une vente conclue hors ligne.

Le succès de la méthode DASKY dépend de la personnalisation des messages envoyés à des prospects ciblés. Mais écrire des messages personnalisés peut prendre beaucoup de temps.

Afin de créer un processus efficace, commençons par développer une série de messages textuels sous forme de modèles que vous pourrez utiliser à l'avenir. La personnalisation des modèles ne vous prendra que quelques minutes à chaque fois. L'ajout d'une touche personnelle ciblée dans vos messages permettra d'accroître l'attention du prospect et d'éviter que votre message ne soit perçu comme « standard ».

Dans ce chapitre, nous verrons l'importance de la personnalisation. Nous aborderons des exemples tirés de différents messages textuels que vous pourrez utiliser comme événements déclencheurs pour votre compte, événements qui garderont vos clients potentiels au chaud et renforceront l'établissement de relations.

L'importance de la personnalisation

Pourquoi la personnalisation est-elle une arme si puissante ?
La psychologie qui sous-tend notre besoin d'expériences personnalisées est relativement facile à comprendre et peut être rattachée à deux facteurs clés :

1. La volonté de contrôle
2. La surcharge d'informations

Nous, les humains, préférons un contenu personnalisé parce qu'il est plus pertinent pour nous. Nous sommes donc naturellement plus enclins à nous engager à partir d'informations que nous définissons comme pertinentes et intéressantes.

Vos prospects veulent être entendus, compris, respectés et mémorables. Tout ce qui est inférieur rendra votre entreprise et vous-même inintéressants. Dans ce cas, vos prospects chercheront quelqu'un d'autre pour les écouter, les comprendre et les respecter.

Considérez que 63 % des consommateurs milléniaux et 58 % des consommateurs de la génération X sont facilement disposés à partager leurs données personnelles avec des entreprises en échange d'offres personnalisées.

Lorsque vos messages individuels sont ciblés sur les préférences personnelles de vos clients potentiels, votre publicité ne leur apparaîtra plus comme telle. Au contraire une interaction harmonieuse entre vous et votre client potentiel se produira.

Une personnalisation bien étudiée est particulièrement importante dans votre premier message, à savoir dans la première demande de contact. Vous disposez de 300 caractères pour chaque demande de contact pour expliquer à vos clients potentiels pourquoi ils doivent accepter votre demande de contact. Et la raison que vous leur donnez doit a) être formulée du point de vue du client potentiel et b) répondre à la question

« Qu'est-ce que j'y gagne ? »

Lorsque votre demande de contact est acceptée, le travail commence vraiment. Montrez à votre nouveau contact votre intérêt personnel à l'aider et envoyez dans vos messages des valeurs ajoutées pertinentes qui sont importantes pour lui.

Chiffres sur le thème de la personnalisation

- 59 % des clients B2B au Canada déclarent que leurs décisions d'achat ont été influencées par la personnalisation
- 31 % des clients B2B au Canada souhaiteraient que leur expérience d'achat soit plus personnalisée
- 62 % des clients B2B au Canada sont très intéressés par les offres personnalisées basées sur des expériences antérieures

Ce n'est pas un hasard si des géants du numérique comme Amazon, Google, Facebook et Netflix sont connus pour mettre la personnalisation au cœur de leurs offres. Grâce à l'apprentissage automatique de l'intelligence artificielle, les recommandations générées automatiquement pour vous se trouvent et peuvent être personnalisées.

La méthode DASKY

Un moyen facile de se souvenir de la méthode DASKY et des étapes qu'elle contient est d'utiliser cet acronyme :

- **D** : Découverte : je veux vous rencontrer !
- **A** : Approche : créer un premier contact
- **S** : Si on faisait connaissance ? Démarrer le dialogue
- **K** : Keep contact ! Maintenir le contact et établir des relations
- **Y** : Youpi, lançons-nous hors ligne ! Poursuivre la conversation hors ligne !

Maintenant que nous avons appris à rechercher et à trouver des clients potentiels sur LinkedIn à l'étape 1 de la méthode DASKY, examinons les étapes suivantes pour transformer un contact froid en client rentable.

Chacune de ces étapes nécessite des messages différents faisant partie de la méthode DASKY. Si vous utilisez correctement ces cinq étapes, vous deviendrez un champion de la génération de prospects.

Étape 2 : Approche : créer un premier contact

Après avoir trouvé des clients potentiels à l'étape 1, il est temps de commencer à les contacter. La première action de sensibilisation commence par l'envoi de demandes de contact personnalisées aux clients potentiels que vous avez trouvés dans vos résultats. La plupart de vos SMS seront destinés principalement à des personnes qui ne vous connaissent pas encore.

Note

Ces personnes reçoivent régulièrement des demandes de contact qui ne sont PAS personnalisées. Par conséquent, la question logique et légitime que vos clients potentiels se posent souvent lorsqu'ils reçoivent une demande est la suivante :

« *Pourquoi cette personne veut-elle se connecter avec moi ?* »

Pour écrire une réponse significative à cette question sous la forme d'un message personnalisé, regardez d'abord le profil de la personne et voyez si vous pouvez apprendre ce qui est important pour elle personnellement et/ou professionnellement.

Lorsque vous écrivez votre demande, une bonne façon de vous connecter est de commencer le message par quelque chose de personnel. Le meilleur texte pour votre message fait toujours mention d'un point commun entre vous et votre interlocuteur. Trouvez ce point commun dans son profil et vous le convaincrez.

Votre demande de contact personnalisé pourrait ressembler à ceci :

Bonjour <M. /Mme Nom>,

Comment allez-vous ? Bien, j'espère !

<Incluez quelque chose de personnel ou quelque chose que vous trouvez intéressant sur la personne.> <Incluez quelque chose que vous avez en commun. Un point commun qui vous relie.>

J'apprécierais énormément d'être inclus(e) dans votre réseau LinkedIn !

Meilleures salutations,
<Votre nom>

Premier exemple

Bonjour <Mme/M. Nom>,

Comment allez-vous ? Bien, j'espère !

J'ai vu dans votre profil LinkedIn que vous aussi, vous avez étudié à <université/collège> / J'ai vu dans votre profil LinkedIn que vous aussi, vous avez suivi.
<formation)>. C'est également mon cas !

Rejoindre votre réseau LinkedIn serait un plaisir !

Meilleures salutations,
<Votre nom>

Votre message pourrait également mentionner quelque chose que vous trouvez pertinent à propos d'eux, que ce soit dans leur profil, leur entreprise ou le contenu qu'ils ont écrit ou partagé, par exemple.

Deuxième exemple

Bonjour <Mme/M. Nom>,

Comment allez-vous ? Bien, j'espère !

J'aime beaucoup le contenu du post que vous avez écrit/partagé <insérer ce qu'ils ont écrit/partagé>. J'ai regardé votre profil et vous avez indubitablement une carrière impressionnante. Félicitations !

Rejoindre votre réseau LinkedIn serait un plaisir !

Meilleures salutations,
<Votre nom>

Bon, à votre tour, maintenant ! Rédigez un message sous la forme d'une demande de premier contact que vous utiliserez comme modèle à l'avenir lorsque vous voudrez contacter de nouveaux clients ou des clients potentiels.

L'idée est d'adapter ce modèle en quelques minutes sous la forme d'un message personnalisé, encore et encore, et de l'envoyer de manière ciblée.

Note

N'oubliez pas de vous connecter sur LinkedIn avec des personnes que vous avez récemment rencontrées, par exemple lors d'une conférence, d'une manifestation de mise en réseau ou d'un salon professionnel. Connectez-vous avec ces personnes sur LinkedIn et entretenez votre relation professionnelle.

Rappelez toujours à ces personnes dans votre message l'endroit où vous vous êtes rencontrés et la façon dont vous avez fait connaissance ... comme une piqûre de rappel afin que ces personnes puissent faire le lien entre votre personne et l'événement en question.

Troisième exemple

Bonjour <Mme/M. Nom>,

Comment allez-vous ? Bien, j'espère!

Ce fut un plaisir de vous rencontrer en personne hier à l'occasion de <préciser l'événement> à <préciser le lieu de la manifestation>, c'est pourquoi j'aimerais beaucoup faire du réseautage avec vous sur LinkedIn.

Si je peux faire quoi que ce soit pour vous à l'avenir ou apporter une valeur ajoutée dans votre domaine de compétence, n'hésitez pas à me contacter. Je serai là pour vous !

Portez-vous bien !

Meilleures salutations,
<Votre nom>

Envoyez votre message personnalisé dans les 48 heures suivant l'événement à la personne que vous avez rencontrée. Cette courte période, qui doit durer 48 heures maximum (à partir du moment où vous avez rencontré la personne), augmente la probabilité que cette personne se souvienne de vous.

Étape 3 : Si on faisait connaissance ? Démarrer le dialogue

Une fois qu'un client potentiel a accepté votre demande de premier contact, l'étape suivante consiste à entamer le dialogue en envoyant un message de bienvenue ou un message de remerciement.

L'objectif du message de bienvenue est d'entamer un dialogue et de construire une relation SANS demander ni attendre quoi que ce soit en retour de cette personne.

Au fait...

Une très bonne option pour placer un appel à l'action dans le message de bienvenue est d'insérer un post-scriptum comme « accroche-regard » à la fin du message.

Note

Il était une fois, il y a fort longtemps, le post-scriptum. Sous ses deux petites lettres qui l'abrégeait, tout ce qui avait été oublié dans le corps d'une lettre trouvait sa place.

Arriva le traitement de texte qui rendit le post-scriptum superflu. Parce qu'il était maintenant possible de relire une lettre avant de l'imprimer. Et de rajouter ce qu'il manquait entre les lignes au besoin.

Mais par la suite, un petit miracle se produisit.

Les annonceurs ont découvert que, lorsqu'ils reçoivent une lettre ou un message, les lecteurs regardent d'abord le P.S. Le post-scriptum fête donc aujourd'hui son grand retour comme accroche-regard par excellence.

Ainsi, écrivez et placez votre appel à l'action à cet endroit bien en vue, car en tant que post-scriptum, votre appel à l'action peut vraiment briller comme accroche-regard.

Dans le message de bienvenue, je vous recommande d'une part de remercier votre nouveau contact d'avoir accepté votre demande de contact et, d'autre part, de consulter son profil LinkedIn pour voir ce pour quelles réalisations vous pouvez le féliciter. Cela peut se faire de manière personnelle, mais aussi professionnelle.

Pour entamer un dialogue, il est préférable de poser une question pertinente au nouveau contact et de lui offrir votre aide professionnelle sans obligation.

Quatrième exemple

Bonjour <Mme/M. Nom>,

Comment allez-vous ? Bien, j'espère !

Je vous remercie de vous être connecté(e) avec moi sur LinkedIn et vous félicite d'avoir été nommé(e) parmi les « 100 meilleures start-ups influentes ».

J'ai lu l'article que vous avez récemment partagé ici sur LinkedIn <insérer le nom de l'article> et je l'ai trouvé très utile pour le monde des start-ups". <Insérer le nom de l'article> était très bien rédigé !

D'ailleurs, sur quoi travaillez-vous en ce moment ? Avez-vous un projet passionnant en cours ?

Je me réjouis de vous lire à nouveau bientôt et, en attendant, je vous souhaite de passer une agréable semaine !

Meilleures salutations,
<Votre nom>

P.S.

Au fait, <Mme/M. Nom>, puisque la stratégie de marque et l'acquisition de clients dans le bon créneau peuvent être très rentables dans votre secteur également, j'ai pensé que vous pourriez trouver cela intéressant : <insérer l'URL>.

Si vous prenez le temps de personnaliser votre message de bienvenue, vous serez jusqu'à **10 fois plus efficace** que vos concurrents. Créez un modèle que vous pourrez utiliser comme base pour vos futurs messages de bienvenue.

Étape 4 : Keep contact ! Maintenir le contact et établir une relation

Le message suivant dans la séquence est appelé **message d'établissement de relations** et est généralement envoyé une semaine environ après l'envoi du message de bienvenue.

Dans ce message d'établissement de relations, vous devez ajouter une valeur supplémentaire à vos nouveaux contacts en leur fournissant des connaissances sous la forme d'un contenu pertinent qu'idéalement, ils trouveront utile ou précieux.

Si vous souhaitez partager des contenus avec votre réseau, par exemple sous forme d'articles, notamment dans le cas de "messages personnalisés", posez-vous d'abord les questions suivantes :

- Quel est l'intérêt de votre public cible?
- Qu'est-ce qui compte pour votre personne ou votre public cible?
- Quel est le problème auquel votre personne ou votre groupe cible est confronté?

Le contenu que vous fournissez doit être spécifiquement lié à l'aide à apporter à leur réseau pour surmonter un problème qu'ils rencontrent.

Votre seul objectif dans cette phase est de construire la relation avec votre nouveau contact et de vous positionner comme la personne qui apporte une valeur ajoutée et est perçue comme une experte dans son domaine. C'est la seule chose qui crée la confiance.

Cinquième exemple

Bonjour <Mme/M. Nom>,

Comment allez-vous aujourd'hui ? Bien, j'espère!

Je viens de voir dans votre profil que vous avez récemment accepté un nouveau poste en tant que <insérer titre du poste> chez <insérer entreprise>, avec un accent sur l'acquisition numérique de clients.

Félicitations, <Mme/M. Nom> ! Ce sera certainement un défi très exaltant pour vous !

J'ai beaucoup travaillé avec des agences de marketing et mon expérience démontre que l'acquisition de clients numériques est une priorité majeure dans le processus d'acquisition. Surtout dans la situation actuelle du marché avec la crise sanitaire.

</Mme/M. Nom>, en accord avec ce point, j'ai récemment écrit un article susceptible de vous intéresser. Il s'intitule <insérer le nom et le titre de l'article>. Si vous souhaitez le lire, cliquez sur le lien suivant : <insérer l'URL>.

Si vous avez des questions ou des suggestions, n'hésitez pas à me contacter.
Portez-vous bien !

Meilleures salutations,
<Votre nom>

Exercice

Bon, maintenant, c'est à nouveau votre tour. Rédigez votre message d'établissement de relations et enregistrez-le comme modèle.

En termes de contenu, créez de la valeur pour vos nouveaux contacts, pour vos nouveaux prospects, et fournissez-leur du contenu ou tout ce qu'ils peuvent considérer comme précieux ou utile.

Grâce à ce travail de base, vous accélérerez votre processus de social selling et serez beaucoup plus efficace dans l'acquisition de nouveaux prospects et clients.

N'oubliez pas d'utiliser ce texte comme modèle uniquement. Prenez toujours une minute supplémentaire pour personnaliser votre message d'établissement de relations avant de l'envoyer.

Étape 5 : Youpi, lançons-nous hors ligne ! Poursuivre la conversation hors ligne

Comme nous savons maintenant que la manière de convertir un prospect en client consiste à faire passer la conversation d'en ligne à hors ligne, l'étape suivante de ce processus est cruciale.

Après le message d'établissement de relations vient maintenant le troisième message de votre séquence : le message de rendez-vous. Le message de rendez-vous a pour but de rencontrer votre prospect au téléphone, par appel vidéo ou en personne, ou de le rencontrer de nouveau.

Selon l'aspect de votre processus de vente, c'est peut-être le bon moment pour présenter votre offre en termes concrets. Envoyez ce message environ une semaine après le message de renforcement des relations.

Sixième exemple

Bonjour <Mme/M. Nom>,

Comment allez-vous ? Bien, j'espère !

J'ai récemment travaillé avec un client de votre secteur sur le thème de l'acquisition numérique de clients et j'ai élaboré à partir de ce projet, une stratégie en trois étapes simples mais très efficaces, qui pourrait également vous intéresser.

Ces trois étapes simples peuvent vous faire économiser, à votre entreprise et vous-même, beaucoup de temps et d'argent, en fonction des objectifs que vos clients et vous poursuivez.

Ce n'est qu'une hypothèse de ma part, bien sûr.

Mais si vous êtes curieux et que vous voulez en savoir plus sur cette stratégie en trois étapes, je serais heureux de vous expliquer tous les détails en un quart d'heure au téléphone. C'est tout le temps qu'il me faut.

Vous souhaitez en savoir plus, sans engagement ?

Si c'est le cas, il est préférable de m'indiquer deux ou trois créneaux libres et je serai sûr de pouvoir confirmer l'un d'eux.

Au plaisir de vous parler, <Mme/M. Nom>!

Meilleures salutations,
<Votre nom>

Il est important de noter que s'il y a déjà eu un dialogue entre vous et le prospect avant ce point, cela influera la manière dont vous écrivez ce message et le moment où vous l'envoyez.

Ce message doit comprendre tout ce dont vous avez déjà parlé avec votre prospect. Cela rend le contenu du message plus pertinent et plus personnel pour le prospect.

Si vous n'avez pas encore fait les exercices de ce chapitre, c'est le moment de vous rattraper.

Notez tous les messages dans la séquence de cinq étapes et enregistrez-les comme modèles. Une fois que vous aurez rédigé quelques modèles, vous pourrez gérer votre temps efficacement à l'avenir et générer un flux de leads, de prospects et de clients.

Je vous recommande de sauvegarder ces messages comme modèles dans un document texte sur votre ordinateur afin de pouvoir facilement les copier/coller et "personnaliser" à et surtout, à toujours les personnaliser avant de les envoyer.

Cette séquence de messages est une très bonne base, mais elle ne fonctionnera pas avec la totalité des personnes avec lesquelles vous vous connecterez. En effet, de nombreux facteurs expliquent pourquoi vos messages riches en contenu ne suscitent pas toujours l'intérêt de certains clients potentiels.

Facteurs possibles :

- Ils ne sont pas le bon public cible après tout
- Ils n'ont pas besoin de ce que vous offrez
- Ils ne sont pas encore prêts pour la solution que vous proposez
- Le calendrier n'est pas adapté
- Ce n'est pas une priorité à l'heure actuelle pour eux
- Ils sont distraits par des problèmes personnels ou professionnels

Tous vos clients potentiels ne percevront pas immédiatement votre offre comme pertinente. Cela ne signifie pas pour autant que cela restera le cas dans deux mois.

Sensibilisation Top of Mind

La clé du succès dans la génération de prospects est de rester toujours présent à l'esprit des prospects afin qu'une fois le moment sera venu pour eux, votre offre et vous remportiez la course AVANT vos concurrents.

Quinze événements déclencheurs" pour contacter

Outre les messages que vous envoyez dans le cadre de votre séquence de génération de prospects, il existe un certain nombre d'autres raisons quant au moment et à la manière de réactiver vos contacts.

Ces raisons, également définies comme des événements déclencheurs, offrent la possibilité de contacter votre réseau en permanence sans être intrusif. Au contraire, votre contact sera le bienvenu et vous pourrez continuer à entretenir vos relations.

Voici quinze événements déclencheurs qui vous permettront de rester en contact avec vos prospects :

1. Ils ont examiné votre profil
2. Vous invitez un client potentiel avec votre message personnalisé
3. Votre demande de contact a été acceptée
4. Votre contact a changé d'emploi
5. Votre contact a été promu
6. Votre contact vous a mentionné
7. Votre contact a mis à jour son profil
8. Votre contact a aimé votre message LinkedIn, l'a commenté ou l'a partagé
9. Votre contact vous a recommandé
10. Vous avez reçu une recommandation

11. Votre contact a été mentionné dans l'actualité
12. Votre entreprise a été mentionnée dans les médias
13. Vous avez publié un article sur LinkedIn
14. Vous avez publié une mise à jour de votre statut sur LinkedIn
15. Votre contact a aimé, commenté ou partagé votre mise à jour de statut LinkedIn

Dans chacun de ces "quinze événements déclencheurs", vous devez toujours vous assurer que votre engagement est considéré comme pertinent pour chaque personne et/ou situation.

L'objectif est de rester en contact, d'apporter une valeur ajoutée, d'établir une relation de confiance et, en fin de compte, d'être en tête de liste lorsque vos contacts veulent ou ont besoin de ce que vous avez à offrir.

LinkedIn vous envoie des notifications par courrier électronique et vous informe des divers événements déclencheurs mentionnés ci-dessus.

Lorsque vous recevez ce type de messages, examinez attentivement s'il existe une opportunité idéale pour vous de vous connecter avec une personne identifiée dans ces notifications de LinkedIn.

Contacts chauds et références

Si vous êtes en une relation avec quelqu'un qui vous connaît et vous fait confiance, profitez-en pour vous présenter à une personne de son réseau.

Pourquoi ?

En effet, la probabilité que vous entriez en contact avec un client potentiel par le biais d'une connaissance mutuelle (marché chaud) est **5** fois plus élevée que si vous vous présentiez directement au client potentiel (marché froid).

84 % des décideurs B2B entament leur processus d'achat par une recommandation.

Lorsqu'on demande un recommendation, il y a une bonne et une mauvaise manière de procéder. Malheureusement, la plupart des membres sur LinkedIn s'y prennent de la mauvaise manière pour ce processus incroyablement capital, soit en n'obtenant aucun résultat, soit, dans certains cas, en négligeant complètement leur relation existante.

Pour augmenter votre succès dans vos demandes de recommandations, suivez ces règles de la nétiquette :

- Construisez une relation
- Communiquez de manière transparente les raisons pour lesquelles vous demandez une recommandation
- Facilitez la tâche à celui qui vous recommendera
- Laissez-leur aussi la possibilité de refuser

L'actualité du marché chaud

Le message que vous envoyez jouera un rôle important dans l'examen de votre demande par votre connaissance. Lors de la création de ce message, il faut le rendre clair et mettre en œuvre les cinq points clés suivants :

1. Établissez un lien personnel dès la première phrase
2. Demandez s'ils connaissent suffisamment bien telle personne pour vous la présenter
3. Faites savoir à votre connaissance que vous mettrez le message à sa disposition pour qu'elle n'ait pas à s'en occuper
4. Montrez votre reconnaissance à votre connaissance pour son temps et son geste, et remerciez-la à l'avance
5. En même temps, proposez-lui de rendre la pareille s'il y a quelqu'un dans votre réseau que votre connaissance souhaiterait rencontrer à son tour

Septième exemple

Bonjour <Mme/M. Nom>,

Comment allez-vous ? Bien, j'espère !

<Insérer une déclaration personnelle ou une question issue de l'analyse du profil>.

Je viens de remarquer que vous êtes en réseau avec <prénom et nom> sur LinkedIn et je me demandais si vous vous connaissiez suffisamment bien pour me présenter à <lui/elle>.

Cela serait génial !

Je vous fournirai bien sûr le texte à envoyer dans un message séparé, afin que vous n'ayez pas à vous en préoccuper personnellement et que vous ne perdiez pas plus d'une minute de votre précieux temps.

Votre soutien serait grandement apprécié !

P.S.

Au fait, <Mme/M. Nom>, si jamais je peux vous présenter quelqu'un de mon réseau, n'hésitez pas à me le demander aussi. Je ferai évidemment de même pour vous.

Merci d'avance !

Meilleures salutations,
<Votre nom>

Si la réponse est non :

Si votre connaissance refuse, répondez-lui quand même par un message de suivi amical qui peut se présenter comme suit :

Huitième exemple

Bonjour <nom de votre connaissance>,

Merci beaucoup du temps que vous avez pris pour moi !
Ce n'est pas un problème <nom de votre connaissance>. Je vous comprends !

Si la situation change à l'avenir, je reste toujours très intéressé(e) de connaître <Mme/M. Nom> !

A bientôt <nom de votre connaissance> et bonne continuation !

Meilleures salutations,
<Votre nom>

Si la réponse est oui :

Bien entendu, si votre connaissance accepte votre demande, répondez par un message de suivi amical pour la remercier de son soutien.

Ensuite, dans un message séparé, envoyez le texte que votre connaissance peut envoyer à la personne que vous souhaitez rencontrer.

Voici cinq points importants à inclure dans ce message de suivi" :

1. Remerciez votre connaissance pour sa bonne volonté
2. Fournissez-lui un simple message texte à envoyer
3. Renforcez votre intérêt grâce à la crédibilité des tiers
4. Précisez la raison de la recommandation
5. Priez le référent de vous mettre en relation

Neuvième exemple

Bonjour <Mme/M. Nom>,

Comment allez-vous ? Bien, j'espère !

Je vous remercie d'accepter de me présenter à <M. /Mme Nom>. Pour que vous fournissiez le moins d'efforts possible, je vous envoie un message type ci-dessous, que vous pourrez simplement copier, coller et envoyer.

Bien entendu, vous restez libre de et personnaliser ce message si vous le désirez.

Bonjour et bonjour <Mme/M. Nom>,

Comment allez-vous ? Bien, j'espère !

Je voudrais vous présenter <votre prénom et votre nom>, <inscrire une déclaration sur la façon dont vous avez précédemment aidé votre connaissance qui a fait la recommandation ou quelque chose sur votre relation avec elle>. <Ajoutez une raison pour le renvoi, pourquoi il ou elle devrait vous contacter>.

Je vais maintenant vous laisser décider tous les deux de la manière de procéder ensemble.

Je nous souhaite à tous santé et succès !

Meilleures salutations,
 <nom de votre connaissance>

En gros, il est très facile d'utiliser votre réseau pour des contacts chauds ou des recommandations. Il suffit de le demander spécifiquement.

Important

Avant de commencer le processus de recommandation, assurez-vous que vous avez parfaitement optimisé votre profil LinkedIn avec les quinze appris plus tôt.

Résumons brièvement ce que vous avez appris dans ce chapitre :

- Vous avez découvert la méthode DASKY, avec laquelle vous pouvez trouver un client potentiel, établir un contact et, le moment venu, engager la conversation hors ligne

- Vous avez également appris à susciter des événements déclencheurs pour rester en contact avec des clients potentiels qui n'étaient pas prêts pour une conversation hors ligne en face à face jusque-là

- Enfin, nous avons abordé la manière de demander et d'exploiter vos contacts chauds sur LinkedIn pour obtenir des recommandations

Tout est prêt. Dans le prochain chapitre, nous examinerons la création de contenu pour votre stratégie marketing qui vous aidera à obtenir de la visibilité, à établir des relations et à vous positionner comme un expert.

CHAPITRE SEPT
COMMENT GAGNER AUPRÉS DE VOTRE GROUPE CIBLE AVEC LE CONTENT MARKETING

Le content marketing vise à ouvrir de nouveaux groupes cibles en publiant un contenu de pertinent et de qualité. Le contenu doit offrir au groupe cible visé beaucoup d'avantages et de valeur ajoutée, afin que vos clients potentiels, grâce à la mise en œuvre de vos solutions, puissent obtenir un premier succès.

Parmi les formes les plus populaires de content marketing, on trouve des articles, des textes, des images, des vidéos, des blogs, des infographies, des podcasts, des études de cas et des enquêtes. Une stratégie de content marketing demande beaucoup de temps et d'efforts pour établir une expertise, une crédibilité et une relation de confiance avec votre public cible. Mais les résultats en valent la peine bien au-delà de cet investissement.

Comme nous venons de l'évoquer, l'un des moyens les plus simples de renforcer l'expertise, la crédibilité et la confiance est de créer et de partager des contenus qui sont précieux pour vos clients idéaux et utiles dans leur application.

Si vous êtes perçu comme une autorité de confiance, vous serez le premier choix dans l'esprit de vos prospects lorsqu'ils commenceront à chercher une solution à leur problème. Ils viendront à vous directement parce qu'ils vous font confiance et parce que vous avez fait preuve d'expertise dans votre content marketing et que vous avez prouvé votre efficacité par vos approches de solution.

Ainsi, les deux questions suivantes se posent:

1. Comment prouver votre expertise ?
2. Comment aider vos prospects ?

Réponse

Par le content marketing, qui, avec le temps, augmentera votre expertise, votre crédibilité et votre confiance.

L'objectif principal du content marketing est d'attirer, d'engager et de retenir un public cible clairement défini via la diffusion d'un contenu pertinent et précieux.

Le contenu que vous partagez peut-être votre propre contenu original ou un contenu sectoriel rédigé par d'autres experts, mais toujours pertinent et utile pour votre public.

Formes de contenu

Le content marketing peut prendre de nombreuses formes. Il peut inclure des articles, des textes, des images, des vidéos, des blogs, des infographies, des podcasts, des études de cas et des enquêtes. Voici quelques exemples de types de contenus que vous pouvez créer :

Du contenu écrit

Messages de blog, articles, messages de blog d'invités, livres blancs, livres électroniques, rapports, études de cas, courriels, enquêtes, listes de contrôle...

Contenu audio

Podcasts, interviews (d'experts ou autres), sessions de questions-réponses, FAQ...

Contenu vidéo

Démonstrations de produits, témoignages, sessions de questions-réponses, webinaires, flux RSS, vlogs ...

Contenu visuel

Infographies, images, présentations, diagrammes, tableaux, citations, listes de contrôle...

Une récente enquête de LinkedIn a révélé que les acheteurs B2B sont **5 fois plus susceptibles** de s'engager avec un professionnel de la vente qui publie un contenu apportant de nouvelles informations sur leur entreprise ou leur secteur d'activité.

Pour réussir avec votre contenu, vous devez connaître et comprendre les problèmes auxquels vos clients idéaux sont confrontés. Nous avons déjà trouvé comment identifier leurs problèmes dans les exercices du chapitre deux. Si vous n'avez pas encore fait ces exercices, je vous recommande de le faire dès maintenant !

Votre objectif, grâce au contenu, est d'informer vos clients idéaux sur la ou les possibilités de résoudre leur problème ou leur défi commercial et de susciter les premiers sentiments de réussite avec les solutions adaptées.

Votre succès personnel dépendra également de la qualité du contenu que vous partagez. Vous devez vous assurer que tout ce que vous partagez est de haute qualité et de grande valeur du point de vue de votre client idéal.

Mais attention !

Ce que vous considérez personnellement comme haute qualité et ce que vos clients potentiels considèrent comme tel ne sont pas toujours deux choses identiques.

Un contenu de qualité qui encourage l'interaction (l'engagement) doit être :

- Pertinent
- Orienté vers les solutions
- Professionnel
- En cours d'actualité
- Divertissant
- Et absolument PAS orienté vente !

Créer du contenut de qualité est le meilleur et le plus rapide moyen de renforcer votre expertise et votre crédibilité.

Créer un contenu original

Pour développer l'expertise, vous devez créer (ou faire créer) un contenu original et le publier. Le contenu original est issu de votre plume : il n'a pas été copié, adopté ni partagé par d'autres experts. Il existe de nombreuses raisons valables pour lesquelles vous devriez produire vous-même le contenu original ou bien le sous-traiter à quelqu'un d'autre.

Voici les raisons les plus importantes en un coup d'œil :

- Établir votre marque personnelle et votre positionnement
- Renforcer votre confiance
- Augmenter votre visibilité
- Augmenter le nombre de visiteurs sur votre site web/page cible
- Constituer votre liste de diffusion
- Améliorer son référencement naturel sur Google et autres
- Augmenter l'interaction (l'engagement) avec les clients potentiels
- Consolider votre statut d'expert

Les statistiques montrent que 82 % des acheteurs potentiels ont une opinion plus positive d'un professionnel par rapport à ses concurrents après avoir lu un contenu personnalisé, et que 90 % des acheteurs potentiels considèrent le contenu personnalisé comme très utile et pertinent.

En fait, 60 % des acheteurs sont amenés à rechercher un produit ou un service après avoir lu des informations à son sujet. Et là se trouve votre chance en tant que créateur de contenu !

D'autres recherches indiquent que 65 % des acheteurs pensent que le contenu du vendeur a eu un impact sur leur décision d'achat finale. Près de 82 % des acheteurs confirment avoir consommé cinq à huit contenus d'un vendeur, sous forme de texte, d'audio ou de vidéo, avant d'effectuer un achat.

Alors comment savoir quel type et quelle forme de contenu fournir à votre public cible ?

C'est simple :

Apprenez à connaître et à comprendre le parcours de l'acheteur potentiel.

Le parcours de l'acheteur

Le parcours de l'acheteur est un processus structuré qui montre les différentes étapes dans lesquelles se trouve l'acheteur potentiel, selon son niveau de connaissance et en fonction du besoin à un moment donné.

Le parcours de l'acheteur commence par un problème.

Le problème est le moteur qui les amènera à chercher et à trouver une solution. Appelons cela le point douloureux d'une personne ou d'une entreprise.

C'est là que pour les acheteurs potentiels commence la recherche d'une solution.

La personne ou l'entreprise qui souffre du problème commence à chercher le plus de contenu possible pour s'informer sur les différentes solutions disponibles.

Après avoir examiné les avantages et les inconvénients de chaque approche, les acheteurs décident de la solution la mieux adaptée à leur problème spécifique.

Le parcours de l'acheteur passe par cinq phases, que nous allons maintenant aborder plus en détail.

Les cinq phases du parcours de l'acheteur (feuille de route)

Dans le content marketing, le parcours de l'acheteur est divisé en cinq phases. Ce cadre vous aide à gérer votre contenu de manière à ce que vous puissiez toujours aller chercher l'acheteur là où il se trouve dans son parcours. À chaque étape du parcours, le besoin de l'acheteur est différent. Il nous appartient donc de toujours fournir le type et la forme de contenu appropriés.

1. La phase de perception

Utilisez le content marketing pour vous faire remarquer, générer du trafic vers votre profil LinkedIn et vers votre site web. La première étape du voyage de l'acheteur consiste à **trouver, voir et lire** votre contenu.

Les personnes que vous voulez attirer cherchent des réponses. Par conséquent, le type de contenu que vous publiez dans cette phase de perception doit se concentrer sur ce point précis. Votre objectif doit être d'informer et d'éduquer les acheteurs sur les meilleurs moyens de résoudre leurs problèmes.

Les types de contenu pertinents pour la phase de perception sont :

Les Newsletters et le marketing via e-mail

Restez régulièrement en contact avec vos abonnés via courrier électronique grâce à des lettres d'information et des campagnes de marketing.

- **Les livres blancs**
  Démontrez toute votre expertise et transformez-la en livres blancs bien rédigés et convaincants.

- **Les articles de blog**
  Les blogs sont également utiles à ce stade car ils peuvent être à la fois faciles à comprendre et informatifs.

- **Les listes de contrôle et les fiches d'information**
  Les listes de contrôle et les fiches d'information donnent une vue d'ensemble et fonctionnent à merveille à ce stade.

- **Les infographies**
  Les contenus visuels tels que les infographies sont un excellent moyen de partager efficacement l'information.

- **Les mises à jour sur les réseaux sociaux**
  Pour générer du trafic et de l'attention, vous pouvez également utiliser les mises à jour sur les réseaux sociaux avec des liens directs vers votre contenu.

Important

Dans la phase de perception, offrez toujours vos précieux contenus gratuitement. Vous auriez du mal à trouver des personnes prêtes à payer pour des informations qui s'obtiennent rapidement ailleurs sur Internet.

Mettez de côté vos objectifs économiques pour le moment. Concentrez-vous sur le fait que votre objectif est d'informer et d'aider et NON de vendre ou de faire du profit dès le départ.

2. La phase de réflexion

La phase de réflexion est utilisée pour développer une stratégie de content marketing qui génère des prospects et des leads. Les acheteurs potentiels dans cette phase de réflexion savent déjà quelles solutions vous leur proposez pour résoudre leurs problèmes.

Votre seul objectif est maintenant de construire votre crédibilité en tant qu'expert et de fournir grâce à votre contenu des solutions qui engagent et touchent votre public à un niveau personnel.

Parmi les types de contenu possibles pendant la phase d'examen, on peut citer :

- **Les webinaires, le streaming en direct et les événements en direct**
  Ce sont des moyens populaires de démontrer votre expertise sur un sujet particulier.

- **Les études de cas**
  Vous pouvez afficher des études de cas qui traitent des avantages de travailler avec vous.

- **Les évaluations et les témoignages**
  Pour apporter des preuves sociales et accroître votre crédibilité auprès des acheteurs potentiels, vous pouvez utiliser des évaluations et des témoignages sur votre travail.

3. La phase de décision

Maintenant, dans la phase de décision, concentrez entièrement votre stratégie de contenu sur la vente. C'est le bon moment pour rechercher l'accord de vente que vous avez soigneusement élaboré avec vos activités de contenu.

Si vous avez bien fait vos devoirs au cours des deux phases précédentes, vous devriez maintenant être en mesure de récolter les fruits de ce travail de base.

Une chose à garder à l'esprit est qu'il faut avoir de la patience. La plupart des acheteurs potentiels doivent passer par au moins trois des cinq étapes avant d'être prêts à discuter et à décider d'un achat.

Parmi les types de contenu possibles pendant la phase de décision, on peut citer :

- **Les essais gratuits, les appels de stratégie, les consultations, les devis, les offres et les démonstrations** :
  Vous pouvez partager des essais et des démonstrations gratuits avec des acheteurs potentiels en les invitant à vous réclamer un devis. Vous pouvez également leur proposer des consultations initiales gratuites pour les aider à entamer leur parcours.

- **Les appels commerciaux**
  À ce stade, vous pouvez également organiser un appel stratégique par téléphone, par vidéo ou en personne pour présenter votre solution. Vous montrez exactement, étape par étape, comment vous pouvez résoudre le problème de l'acheteur. Montrez vos atouts ! La confiance en votre produit ou en votre service s'accroîtra plus que jamais.

4. La phase de maintenance :

Après la vente, veillez à intégrer le support après-vente du client dans votre stratégie de content marketing. Ne laissez pas votre client seul après la vente. C'est le moment idéal pour donner à vos clients le sentiment qu'ils sont une partie importante de votre communauté et que le fait d'acheter chez vous était la bonne décision.

Les types de contenu possibles pour la phase de maintenance sont les suivants :

- **Le marketing par courrier électronique**
  Mettez en œuvre des campagnes par courrier électronique qui présentent et éduquent vos nouveaux clients sur vos autres produits ou services.

- **Les mises à jour sur les réseaux sociaux**
  Développez une stratégie sur les réseaux sociaux dans laquelle vous invitez et éduquez vos clients en groupes fermés. Les groupes Facebook sont merveilleux pour cela.

- **La diffusion en direct et les vidéos**
  Informez vos clients par courrier électronique lorsque vous diffusez en direct ou lorsque vous avez téléchargé une nouvelle vidéo.

- **Les articles de blog**
  Publiez un nouvel article de blog au moins une fois par semaine.

- **Les études de cas**
  Organisez des études de cas et assurez-vous de leur exactitude.

- **Les podcasts**
  Les podcasts sont un excellent moyen de donner une voix à votre marque afin que vos clients puissent également vous « entendre » à plusieurs reprises.

5. La phase de l'ambassadeur

Transformez vos clients existants et fidèles en ambassadeurs de votre marque. Lorsque vos clients vous sont fidèles, votre crédibilité en tant qu'expert de votre marché augmente énormément. Elle permet également à vos clients actuels de vous recommander plus rapidement et plus facilement.

Il existe quatre types de contenu pertinents pour la phase d'ambassadeur :

1. **Les contacts chauds et les recommandations** :
   Entretenez des relations commerciales avec vos clients actuels et faites attention aux autres clients auxquels vous êtes connecté via LinkedIn. La crédibilité d'un tiers qui vous a été recommandé par un contact chaud contribue largement à accélérer votre processus de vente.

2. **L'engagement sur les réseaux sociaux**
   Surveillez constamment ce que vos clients mettent en ligne. Ne manquez aucune occasion d'apprécier, de commenter ou de partager leurs messages, à condition que vous considériez ce contenu comme pertinent. Les contacts de vos clients peuvent voir vos messages et vos commentaires, ce qui vous ouvre de nouvelles voies pour pénétrer le réseau de vos clients existants et vous faire connaître dans de nouveaux milieux.

3. **Les recommandations de contenu via les réseaux sociaux**
   Assurez-vous que votre contenu est facilement accessible. Sur votre site web et sur tout autre interface où vous écrivez, ajoutez des boutons de partage sur LinkedIn, Facebook, Instagram, Twitter, etc. Vos clients et vos lecteurs qui ne sont pas encore clients aimeront, commenteront et partageront souvent votre contenu. Assurez-vous que vos ambassadeurs peuvent le faire en deux clics maximum.

4. **Les webinaires**
   Offrez de la valeur à vos clients existants en leur proposant une série de webinaires et en leur permettant d'inviter d'autres personnes.

N'oubliez pas que le parcours de l'acheteur est un processus progressif qui nécessite plus qu'une simple stratégie unifiée de content marketing.

Fournissez à votre public ce dont il a besoin et vous ferez LA différence par rapport à vos concurrents.

L'important dans la création de contenu est de toujours rester professionnel. Si vous ne pouvez pas produire un contenu professionnel, engagez quelqu'un qui peut le faire pour vous. Cet investissement sera beaucoup plus rentable.

Conclusion

Oui, le content marketing onéreux. Mais le gain durable de nouveaux clients et l'augmentation de vos recettes récompenseront vos efforts à long terme.

La création et le partage de contenu, même de la part d'autres experts, sont des éléments essentiels de votre stratégie de content marketing, que vous créiez votre propre contenu original ou non.

La création de contenu est capitale pour vous car :

- En fournissant des informations, vous augmentez votre crédibilité et votre confiance.

- Lorsque vous publiez le contenu d'autres personnes en y ajoutant votre point de vue, vous vous donnez plus de visibilité et vous avez plus d'occasions d'entrer en contact avec les lecteurs et les clients potentiels.

- Vous créez l'occasion de nouer des relations avec des experts dans des domaines connexes qui peuvent offrir des possibilités de partenariat et étendre la portée de votre contenu original.

- Partager le contenu d'autres personnes peut-être tout aussi efficace que créer votre propre contenu original et vous permet par la même occasion de discuter de nouvelles idées avec vos clients potentiels.

- La création de contenu aide vos clients potentiels à construire et à renforcer leur relation avec vous, ce qui est votre objectif ultime !

Comment utiliser le contenu d'autres experts à votre propre avantage

Comment pouvez-vous utiliser du contenu pour vous démarquer des autres experts tout en utilisant ce même contenu dans le cadre de votre propre stratégie ? Voici quelques méthodes qui ont fait leurs preuves en utilisant le contenu d'autres experts :

Ajoutez votre perspective personnelle

Ne prenez pas un contenu existant pour le partager simplement sans rien y ajouter. Vous n'en tireriez aucun avantage pour vous-même. Au contraire. Les opportunistes sont rapidement reconnus en ligne et étiquetés comme tels à long terme. Prenez le temps de personnaliser le contenu des autres : faites-le en rajoutant des citations ou votre point de vue personnel.

Tout le monde peut copier/coller du contenu. Tout le monde peut partager un lien. Mais ce n'est pas donné à tout le monde de fournir des opinions professionnelles, pertinentes et expertes.

Ce que veulent vos clients potentiels, c'est votre point de vue unique. Ils veulent savoir ce que vous pensez et ce que vous avez à dire sur le sujet que vous partagez. C'est votre point de vue qui vous distingue du reste du monde.

Rencontrez votre public. Posez des questions. Répondez aux commentaires et montrez votre côté humain.

Mais il ne suffit pas non plus de continuer à partager des liens vers des articles avec votre opinion. C'est comme si on commençait une conversation sans la poursuivre. Pour mieux comprendre ce que vos clients potentiels pensent ou ressentent sur certains sujets, posez de temps en temps une question et répondez ensuite à vos clients pour leur montrer que vous lisez leurs opinions et leurs messages et qu'ils sont pertinents pour vous.

Inclure un CTA (appel à l'action)

Sans un appel à l'action approprié, il est inutile de partager et de commenter le contenu. Ne manquez pas l'occasion d'amener votre public à prendre une mesure spécifique.

Votre CTA peut également être très simple. Par exemple, en demandant aux gens de lire l'article et de partager leur opinion. Cela peut faire des merveilles. Parce que les gens veulent être guidés et sont plus disposés à faire quelque chose si vous le leur demandez ou leur donnez l'ordre de le faire.

Note

Si vous utilisez des contenus provenant d'autres experts, cette stratégie vous fera certainement gagner beaucoup de temps et d'argent et vous aidera à vous rapprocher de votre objectif. Cependant, l'algorithme de LinkedIn a maintenant été ajusté de sorte que ce raccourci chronologique et financier dans votre stratégie de contenu, vous garantit seulement 10 % de la portée totale possible.

Un contenu original créé par vous, en revanche, vous donnera 10 fois plus de portée. Décidez vous-même de la stratégie qui vous convient le mieux.

Pour trouver du contenu à partager

Il existe de nombreuses sources en ligne où vous pouvez trouver de très bons contenus à partager. La meilleure façon de commencer à rechercher des publications pertinentes dans votre secteur d'activité est d'utiliser les sources suivantes à votre avantage :

Les alertes Google

Avec Google Alerts, vous pouvez configurer de multiples alertes sur tous les sujets qui proviennent de votre marque préférée, d'une association professionnelle ou d'autres annonceurs, de sorte que vous ayez toujours une vue d'ensemble de l'actualité des mots-clés que vous choisissez.

Chaque fois qu'un mot-clé est trouvé par Google, Google Alerts vous envoie des notifications directement par e-mail. Pour suivre plus d'un seul sujet pendant une certaine limite de temps, vous pouvez également définir plusieurs mots-clés pour vos alertes.

Important

Avant de partager ce contenu « autre », prenez toujours le temps de le lire dans son ensemble. Assurez-vous que ce contenu est pertinent pour votre public. Car si un contenu pertinent peut augmenter votre crédibilité, un contenu non pertinent ou même mauvais peut vous nuire.

Le fil d'actualités de LinkedIn

Une autre source est le flux d'informations sur votre propre page d'accueil LinkedIn.

Vous trouverez ici une variété de contenus pertinents partagés par votre réseau et les influenceurs que vous suivez. Vous pouvez toujours partager ce contenu directement en tant que mise à jour de statut.

L''abonnement à des newsletters

Inscrivez-vous directement sur le site web de vos marques, associations industrielles et influenceurs préférés pour recevoir leurs bulletins d'information respectifs. Ces sources peuvent également être très utiles pour un contenu pertinent.

Note

Pour vous aider à garder le contrôle, créez un dossier séparé dans votre boîte de réception de courrier électronique où vous recevrez et stockerez toutes les alertes Google, les bulletins d'information et les courriers électroniques de vos marques préférées, des experts du secteur et des influenceurs.

Chaque semaine, parcourez ces courriels et cherchez du contenu pertinent à partager sur LinkedIn. N'oubliez pas d'inclure votre opinion personnelle et votre point de vue sur le contenu. Pour encourager l'interaction (l'engagement), posez également des questions à l'occasion et répondez sous forme de commentaires dès que vous recevez un retour d'information.

Partager du contenu avec les mises à jour de statut

Partagez régulièrement vos propres contenus et ceux des autres afin de pouvoir tenir votre réseau constamment informé des nouvelles tendances et de vous positionner comme un expert sur votre sujet.

Suivez ces pratiques optimisées pour la consommation de contenu :

- **Offrez un contenu et des mises à jour actuels**
  Vous pouvez partager des informations sur votre industrie provenant de sources crédibles. Vous pouvez également informer vos disciples des derniers événements dans votre entreprise.

- **Posez des questions pertinentes à votre groupe cible**
  Demandez à votre groupe cible de vous faire part de ses réflexions, ses opinions ou ses expériences sur un sujet spécifique.

- **Présentez des récits convaincants**
  Racontez une histoire qui permet à votre public de mieux comprendre votre état d'esprit et votre point de vue. Vos mises à jour doivent être convaincantes. Tout comme l'information doit être pertinente pour votre public cible.

- **Fournissez un contenu qui déclenche une réaction émotionnelle**
  Partager des contenus, des mises à jour et des messages peut faire ressentir à votre public cible une forte réaction émotionnelle. Mais attention ! Cela doit être fait avec précaution dans un environnement commercial tel que LinkedIn.

- **Ajoutez toujours un CTA (appel à l'action)**
  Si vous voulez que les gens prennent une certaine mesure, dites-leur précisément ce qu'ils doivent faire. Soyez aussi direct que possible, mais sans être insistant.

Envoyer du contenu directement utile à des clients potentiels par le biais de messages personnalisés

Devenez une source de connaissances et de solutions pour vos clients potentiels en leur envoyant du contenu directement et de manière personnalisée. Faites en sorte que ce contenu les intéresse particulièrement, résolve leurs problèmes et les aide à surmonter leurs difficultés quotidiennes. Personnalisez votre approche. Cela vous permettra de rester au courant et d'établir un grand lien de confiance.

Créer une expertise pour votre sujet avec du contenu vidéo

De nombreuses personnes réagissent bien au contenu vidéo. Une vidéo personnelle vous « humanise » et permet aux gens de mieux vous connaître et de vous percevoir sous un autre angle. De plus, le contenu vidéo est l'un des meilleurs moyens de renforcer votre expertise et d'établir votre marque personnelle.

Intégrer des vidéos sur LinkedIn

Voici quatre bonnes raisons d'ajouter la vidéo à votre stratégie :

- C'est une pratique populaire. Saviez-vous que 60 % des spécialistes du marketing utilisent une forme de vidéo en ligne dans le cadre de leur stratégie marketing globale ?

- Comme mentionné précédemment, il existe également de nombreuses preuves scientifiques qui démontrent que la voix humaine transmet des émotions et que le mouvement capte et retient l'attention des gens.

- En outre, le cerveau humain est conçu de telle manière que la vue d'un visage humain inspire automatiquement la confiance.

- 79 % des consommateurs pensent que la vidéo est le moyen le plus simple de se renseigner sur une marque en ligne.

Des études ont montré que la vidéo prime sur les autres types de contenu. En effet, près des trois quarts (74 %) des consommateurs établissent un lien entre le fait de regarder une vidéo sur les réseaux sociaux et leur processus de décision d'achat.

En fait, un peu moins de la moitié (46 %) des consommateurs ont déclaré avoir fait un achat parce qu'ils avaient vu une vidéo de marque sur les réseaux sociaux et un autre tiers (32 %) ont déclaré avoir envisagé de faire de l'achat.

Heureusement, lorsqu'il s'agit d'innovation, être le premier n'est pas une condition pour être le meilleur. LinkedIn a été le dernier réseau social populaire à ajouter une fonction vidéo à sa plateforme.

Les vidéos de LinkedIn offrent d'incroyables possibilités d'établir des relations. Vous pouvez télécharger des vidéos directement à partir de votre smartphone et partager des contenus vidéo uniques et originaux sur votre réseau. Lorsque vous postez des vidéos sur LinkedIn, suivez cette bonne pratique :

- Commencez toujours vos vidéos par les informations les plus importantes
- Maintenez la durée de vos vidéos entre 30 et 90 secondes
- Soyez pertinent dans votre message. Faites vos recherches correctement au préalable
- Incitez toujours votre public cible à agir avec un CTA (*call to action*)

La stratégie de content marketing

À ce stade, vous savez que le content marketing implique la création, la distribution et le partage de contenu afin d'engager votre public cible, de générer des leads et d'améliorer votre image de marque personnelle. Cela induit à son tour à une expertise, une crédibilité et une confiance accrues. Pour boucler la boucle, votre content marketing a besoin d'une approche stratégique claire.

La stratégie de content marketing commence par définir la vision et les "objectifs" spécifiques que vous avez en termes de content marketing.

Créer un cadre stratégique

- **Définissez votre groupe cible**
  Commencez par la description de votre client idéal, comme créée au chapitre deux

- **Créez une feuille de route pour votre content marketing**
  Divisez le parcours de l'acheteur en cinq phases

- **Écrivez votre histoire personnelle de marque**
  L'histoire de la marque est l'histoire derrière votre pourquoi en plus développé : elle combine votre marque personnelle avec votre histoire personnelle

- **Créez un planning éditorial**
  Créez un planning clair qui définit où et quand vous publierez votre contenu

Une fois le cadre stratégique en place, vous pouvez commencer à créer le planning éditorial et le calendrier approprié afin que vos activités de valorisation de la marque soient produites et publiées de manière organisée.

Le planning éditorial (calendrier éditorial)

Le calendrier éditorial variera en fonction des quatre facteurs suivants :

- La taille de l'entreprise
- Le temps à disposition
- Le budget
- Les objectifs

Un prestataire de services indépendant qui doit s'occuper seul de toutes les tâches liées à son activité aura un calendrier éditorial très différent de celui d'une entreprise disposant d'une équipe marketing dédiée et composée de plusieurs personnes.

Quelle que soit la taille de votre entreprise ou de votre organisation, vous devez toujours estimer le temps que vous allouerez à la ou aux personnes chargées de mettre en œuvre votre planning éditorial.

Le planning éditorial doit être modulable, sinon vous risquez de le voir dépassé et bon à jeter.

Vous envisagez peut-être de consacrer deux heures par jour à la création et à la maintenance du contenu, mais si vous êtes « en solo », vous ne pourrez pas y consacrer autant de temps. Déterminez donc dès le départ de n'y consacrer, disons, qu'une heure par jour, ou deux heures tous les deux jours, et restez régulier pour publier «en continu».

Il en va de même pour une entreprise dotée d'une équipe marketing : ils créent un planning éditorial de manière à ce qu'il puisse être mis en œuvre « en continu » par toutes les personnes concernées. Le mot magique ici est « continuité ».

Sachez que plus vos objectifs sont « agressifs » et que plus vous souhaitez utiliser de plateformes, plus vous devrez faire d'efforts dans votre stratégie de content marketing.

Pendant des années, le mythe selon lequel le content marketing devait être gratuit a prévalu chez de nombreux entrepreneurs. Mais pour réussir en matière de content marketing, il faut investir du temps ou de l'argent.

Je vous recommande donc de définir dès le départ un budget clair pour les tâches suivantes :

- **Création de contenu**
  Si vous ne rédigez pas et ne mettez pas en forme le contenu vous-même, vous pouvez externaliser toute la création du contenu et donc avoir besoin d'un rédacteur, d'un graphiste, etc.

- **Annonces**
  Vous avez peut-être besoin d'annonces pour augmenter votre portée, par exemple avec des annonces LinkedIn ou même des annonces Facebook.

- **Gestion du temps**
  Définissez dès le départ le temps que vous ou votre équipe devrez consacrer à la création, à la mise en œuvre, à la maintenance et à la réponse aux interactions (l'engagement) avec le public cible et aux réactions des lecteurs, etc.

Mise en œuvre de votre stratégie de content marketing

Créez un planning éditorial pour la mise en œuvre de votre stratégie de marketing de contenu, qui documente clairement les activités à réaliser et la fréquence à laquelle les réaliser.

Les points suivants doivent être notés dans le planning éditorial :

- La création de contenu (rédaction de billets de blog, création de vidéos, etc.)
- La recherche de contenu (vérification des sites web de l'industrie, Google Alerts, etc.)
- L'externalisation des tâches (par exemple, conception professionnelle de graphiques, etc.)
- L'édition et la mise en ligne de messages et d'articles de blog
- Le Partage et la publication du contenu original produit
- La personnalisation et le partage du contenu d'autres experts
- L'interaction avec les commentaires et les réactions à votre contenu

Consignez le planning éditorial dans un calendrier et décrivez toutes les tâches par fréquence dans leur ordre chronologique (quotidiennes, hebdomadaires ou mensuelles).

Triez chacune de ces tâches par ordre en commençant par les plus importantes. Il est utile de dresser une liste détaillée des activités spécifiques pour chaque jour de la semaine dans le planning éditorial.

Par exemple, vos tâches du lundi peuvent consister à publier un article dans le flux d'informations LinkedIn et vos tâches du jeudi peuvent consister à écrire un billet de blog.

Une fois votre planning éditorial en place, affichez-le dans un endroit facilement accessible et visible (de tous) et utilisez-le quotidiennement.

Le « calendrier des contenus » dans le planning éditorial

Si vous créez un contenu original, je vous recommande d'intégrer un « calendrier des contenus » dans le planning éditorial. Un calendrier des contenus vous aide (ainsi que tous les participants) à travailler de manière structurée et, surtout, à vous concentrer sur l'essentiel.

Votre calendrier de contenu doit comprendre les éléments suivants :

- La date de publication
- Le client idéal visé selon la cible du contenu (si vous avez plus d'une cible)
- Le titre du sujet
- Les mots-clés principaux
- Un CTA (appel à l'action)

Si vous avez une équipe, vous devez également préciser à ce stade qui écrira le contenu, qui le corrigera, et quand le contenu doit être prêt pour la publication.

Essayez de planifier votre calendrier de contenu trois à six mois à l'avance. Ensuite, lorsque vous souhaitez aborder un sujet d'actualité qui est opportun et pertinent, vous pouvez toujours apporter les modifications que vous souhaitez à votre calendrier de contenu de manière précoce, souple et sans stress.

CHAPITRE HUIT
COMMENT UTILISER CORRECTEMENT LES #HASHTAGS

Ce chapitre est court mais tout aussi important que les onze autres. Nous connaissons tous les hashtags sur les réseaux sociaux. Depuis fin 2019, les hashtags sont totalement intégrés sur LinkedIn. Mais seuls quelques-uns d'entre nous les utilisent efficacement et correctement.

Un hashtag, c'est ce signe : #

Ce symbole # introduit un mot-clé, qui se trouve directement derrière lui. Le but des #hashtags est de permettre de retrouver les informations de certains contenus ou sujets sur les réseaux sociaux.

Deux raisons pour lesquelles vous devriez utiliser les #hashtags :

- Contrairement à Twitter, les #hashtags sur LinkedIn ne sont pas principalement utilisés pour poster quelque chose sur un sujet d'actualité mais plutôt pour établir votre nom et votre marque personnelle, en utilisant vos propres #hashtags en tant qu'expert sur un sujet et pour ainsi solidifier votre marque personnelle.

- De plus, les lecteurs potentiels peuvent mieux trouver votre contenu grâce aux #hashtags en suivant un #hashtag spécifique ou en utilisant des mots-clés pour rechercher des sujets spécifiques sur la plateforme.

Placer les #hashtags de manière spécifique

Pour utiliser efficacement les #hashtags sur LinkedIn, réfléchissez à l'avance aux sujets que vous souhaitez aborder régulièrement dans votre stratégie de content marketing. Car contrairement à Instagram, où la plupart des utilisateurs affichent une longue liste de #hashtags sous leurs messages, LinkedIn est davantage axé sur l'utilisation ciblée de mots-clés.

Il ne doit pas y avoir plus de cinq #hashtags dans un message LinkedIn, et surtout, les #hashtags doivent aussi correspondre à votre message. Car dans la plupart des cas, les lecteurs potentiels ne recherchent pas des noms de personnes, de sociétés ou de marques sur LinkedIn, mais des #hashtags qui ont un rapport avec leurs propres intérêts ou leur domaine professionnel.

Ainsi, la question suivante se pose :

Quels #hashtags fonctionnent le mieux pour vous ou votre entreprise ?

Par exemple, si vous écrivez un article sur l'optimisation du profil, les conseils LinkedIn ou le marketing sur LinkedIn, #OptimisationDeProfil, #ConseilsLinkedIn et #MarketingLinkedIn seraient des #hashtags idéaux à placer à la fin de votre article lors de sa publication.

Une autre aide possible est la suggestion de #hashtags qui apparaissent à la fin de chaque message sur LinkedIn. Ceux-ci sont générés par l'algorithme LinkedIn et crées en fonction du contenu de vos messages et de la page de votre entreprise.

Parmi tous les #hashtags suggérés par l'algorithme de LinkedIn, ne sélectionnez toujours **que ceux de votre top 5.**

Votre plus grand avantage à utiliser les #hashtags est que les lecteurs potentiels vous trouveront mieux, vos messages et vous-même, grâce au #hashtag particulier. Vos prospects acquis pourront aussi suivre vos sujets à l'avenir, et ainsi s'informer et se former en permanence.

Cela renforce le lien de confiance et augmente votre expertise.

À l'inverse, vous pouvez vous aussi suivre des sujets avec des #hashtags ciblés et donner votre avis sur les messages d'autres experts, des conseils dans votre domaine d'expertise ou simplement garder un œil sur vos concurrents.

Comment suivre les #hashtags ? Et où les trouver ?

Saisissez dans la barre de recherche le symbole "#" suivi d'un mot-clé pertinent pour vous. En choisissant par exemple le mot « digital » tous les mots-clés #hashtag qui commencent par ce mot apparaîtront. En cliquant dessus, vous serez redirigé vers la page #hashtag où vous pourrez apercevoir tous les messages sur le sujet.

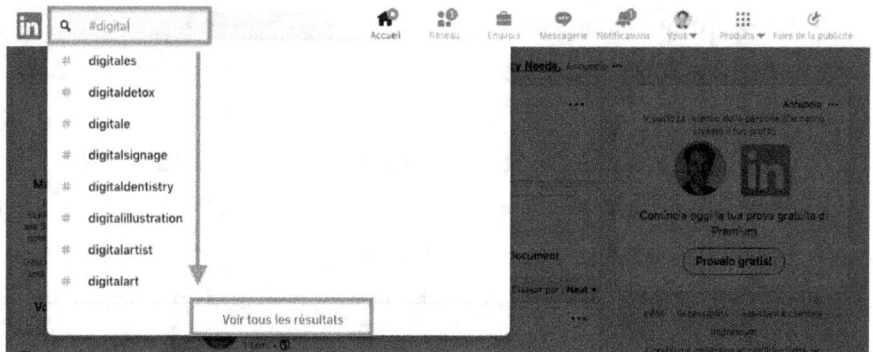

Sur la page #hashtag, vous pouvez voir le nombre de followers et décider si vous voulez suivre le #hashtag ou non. Si vous cliquez sur le bouton « *suivre* », vous verrez à l'avenir dans votre flux d'informations tous les messages qui ont été téléchargés.

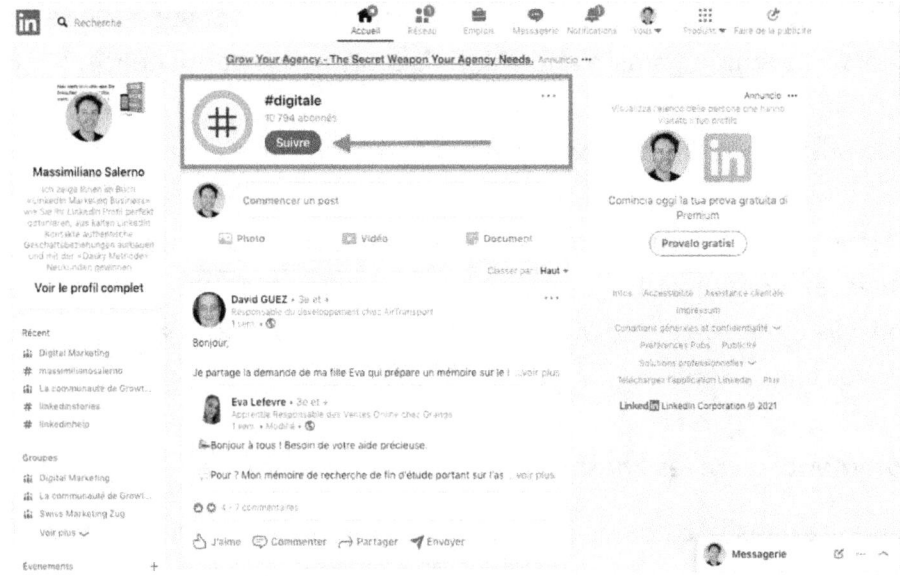

Comment travailler avec les #hashtags ?

- En cliquant sur les mots-clés que vous avez sélectionnés, vous pouvez rejoindre des conversations sur lesquelles vous pourrez à l'avenir laisser des commentaires.
- Une partie de votre stratégie de contenu ciblée peut consister, par exemple, à formuler quotidiennement votre avis d'expert sur certains #hashtags.
- Si un sujet est particulièrement intéressant, vous pouvez également le reprendre et publier votre propre message avec votre point de vue ou votre méthode personnelle à ce sujet.

- Utilisez toujours votre #hashtag à la fin de vos mises à jour de statut et également dans les commentaires.

C'est en s'exerçant que l'on fait la preuve de son efficacité. D'une part, il est important que vous réfléchissiez au préalable aux #hashtags qui correspondent le mieux à votre profil LinkedIn.

Essayez de déterminer quels #hashtags génèrent le plus de portée pour votre contenu et laissez de côté les hashtags "infructueux" pour le prochain article.

CHAPITRE NEUF
COMMENT ACCROÎTRE VOTRE EXPERTISE, CRÉDIBILITÉ ET CONFIANCE

C'est une vérité fondamentale que les gens achètent à des gens qu'ils connaissent, qu'ils apprécient et en qui ils ont confiance. Pour y parvenir, vous devez établir des relations basées sur la confiance et renforcer votre expertise sur votre sujet.

Au chapitre sept, nous avons évoqué le rôle essentiel du content marketing dans le développement de l'expertise, de la crédibilité et de la confiance.

Ce sujet mérite un chapitre entier. Parce qu'il est essentiel d'établir une expertise, une crédibilité et une confiance dans vos processus pour faire passer vos relations sur le web au monde réel (d'en ligne à hors ligne).

Dans la méthode DASKY, au chapitre six, nous avons appris qu'il s'agissait de nouer des relations avec vos prospects et que c'était beaucoup plus facile de le faire si vous étiez perçu comme bien informé et crédible.

Il est plus difficile de gagner la confiance dans le monde numérique où vous n'avez pas la chance de rencontrer quelqu'un en personne. C'est pourquoi, en tant qu'entrepreneurs et décideurs, nous devons trouver des moyens numériques qui aident le client potentiel à nous connaître, à nous aimer et à nous faire confiance.

Lorsque vous utilisez le social selling, au fil du temps, votre contenu sera de plus en plus vu et reconnu par votre public cible et par d'autres personnes influentes dans votre secteur.

Si vous créez du contenu de qualité, il y a des chances que vous soyez invité à écrire un article en tant que blogueur invité, ou que vous soyez répertorié en tant qu'expert sur un site web connu, ou bien que vous soyez interviewé lors d'un webinaire ou d'un podcast.

Chacune de ces options vous offre une plateforme unique pour tirer parti de la crédibilité de tiers qui ont eux-mêmes une communauté loyale.

Dans ce chapitre, je souhaite partager avec vous d'autres opportunités qui vont au-delà du content marketing, afin que vous puissiez accroître votre expertise, votre crédibilité et votre confiance aux yeux de vos clients actuels et potentiels, ainsi que de vos pairs et des influenceurs de votre secteur.

Construire une communauté

Quel meilleur moyen que de créer une communauté de membres loyaux qui vous connaissent, vous aiment et vous font confiance ?

Les membres de votre communauté seront plus engagés lorsqu'ils vous feront confiance, lorsqu'ils éprouveront un sentiment d'appartenance et lorsqu'ils sauront que vous vous souciez de ce qui compte pour eux.

Si vous voulez construire une communauté engagée, les trois éléments suivants sont capitaux :

1. Être sincère et vrai

Permettez aux gens de votre communauté d'apprendre à connaître le « vrai vous ». Si vous voulez que les gens vous voient tel que vous êtes vraiment et vous fassent confiance, alors l'authenticité est essentielle. Utilisez les règles de la nétiquette dont nous avons pris connaissance au chapitre quatre.

Alors, comment pouvez-vous montrer votre vrai visage lorsque vous produisez du contenu commercial et que vous le publiez sur LinkedIn ?

Utilisez votre « propre voix ».

N'ayez pas peur de laisser votre personnalité briller dans vos articles et votre contenu. Cependant, il est important que « votre voix » soit constante sur l'ensemble des plateformes et de vos contenus.

N'oubliez pas que les gens veulent connaître votre point de vue personnel. Partagez donc cette perspective avec eux aussi lorsque vous partagez du contenu. Et si cela correspond et est pertinent, ajoutez une histoire sur les raisons derrière cette "perspective".

2. Interagir (susciter l'engagement)

Une communauté vit d'interactions et d'échanges entre les uns et les autres.

Même si vous avez l'habitude de parler devant votre public avec votre contenu, cela n'aide pas à soutenir ou à construire votre communauté.

Les relations réelles exigent des deux parties qu'elles donnent autant qu'elles reçoivent, tandis que l'échange et l'engagement nécessitent une communication à double sens.

Cela vous oblige à écouter et à répondre aux membres de votre communauté à chaque fois qu'ils communiquent avec vous. En écoutant et en répondant, vous recueillez des indices que les membres de votre communauté partagent avec vous. Très souvent, vous trouverez des informations importantes dans leurs messages via un « langage » que vous pouvez successivement intégrer dans votre processus de vente de manière ciblée.

Ces informations vous donnent un aperçu supplémentaire des problèmes ou des défis des membres de votre communauté et vous fournissent des informations importantes pour le contenu futur de vos produits ou des services que vous pourrez ensuite proposer et vendre.

Vous ne savez pas quel contenu inclure dans votre prochain article ou votre prochaine vidéo ? Allez voir du côté des interactions et des échanges actuels dans votre communauté pour trouver de nouvelles idées.

Il existe de nombreux endroits où votre communauté peut communiquer avec vous sur LinkedIn. Cela peut se faire dans vos mises à jour de statut, via des commentaires sur les messages d'autres personnes, avec les messages de groupe, ou sous votre contenu s'il a été partagé ou repris dans un message privé LinkedIn.

Si quelqu'un prend le temps de commenter quelque chose (bonne ou mauvaise), il est important que vous répondiez le plus rapidement possible.

3. Créer une valeur ajoutée et des avantages

Assurez-vous que vous apportez une valeur ajoutée ou que vous fournissez une valeur ajoutée à chaque interaction que vous avez avec votre communauté.

Comme nous l'avons appris au chapitre quatre, il faut toujours se demander :

« Qu'est-ce que j'y gagne ? »

Pensez toujours du point de vue de votre communauté. S'il n'y a pas de valeur ajoutée ou d'avantage évident pour votre communauté, alors ils ne perdront pas leur temps avec vous et iront tôt ou tard voir vos concurrents.

Quoi que vous fassiez, ne bombardez pas votre communauté avec des messages marketing et vente. C'est le moyen le plus rapide de détruire en un rien de temps la relation commerciale soigneusement établie.

Une fois que vous aurez une communauté loyale, vous aurez établi comme base l'expertise, la crédibilité et la confiance. Grâce à cette base solide, vous serez la première personne à laquelle les membres de votre communauté penseront lorsque le moment sera venu et qu'ils auront besoin et envie d'acheter votre solution.

Les partenariats

L'un des moyens les plus rapides de développer votre réseau et votre communauté est de favoriser la collaboration avec d'autres experts. Comme nous l'avons déjà mentionné dans ce chapitre, ce concept est un moyen fantastique de tirer parti de la crédibilité des tiers et de générer des renvois.

Il n'est donc pas nécessaire d'attendre passivement que cela se produise. Il existe des mesures proactives que vous pouvez prendre pour établir des relations avec les gens par le biais de partenariats qui, en fin de compte, débouchent sur une situation « gagnant-gagnant » pour toutes les parties concernées.

Vous trouverez ci-dessous quelques activités qui vous aideront à établir un lien de confiance, à élargir la taille de votre communauté et à renforcer votre expertise dans le secteur.

1. Prendre l'initiative

Recherchez des possibilités de collaboration avec d'autres experts ou influenceurs qui proposent des produits ou des services complémentaires à votre offre.

Par exemple, vous pourriez interviewer quelqu'un sur un sujet susceptible d'intéresser votre public et votre communauté cibles. Cette collaboration peut ensuite être reproduite dans un article de blog, un podcast, une vidéo, un webinaire ou en streaming.

Les partenariats peuvent prendre différentes formes :

Un partenariat de co-entreprise :

Dans ce cas, deux personnes/entreprises (ou plus) s'associent dans un partenariat temporaire pour réaliser ensemble un événement ou un projet spécifique.

Cela peut être, par exemple, en réunissant un groupe d'experts et en organisant une conférence en ligne. Ou encore, en promouvant l'offre d'un autre expert sur votre liste de diffusion (relation d'affiliation), et gagnant une commission d'affiliation sur les ventes qui en découlent.

Un partenariat de référence :

Il s'agit d'une personne ou d'une entreprise qui vous envoie des prospects ou des leads (et vice versa) pour proposer des produits ou des services complémentaires à votre offre à un public cible similaire.

Par exemple, si vous êtes administrateur, vous pouvez conclure un partenariat de référence avec un notaire pour la création d'entreprises.

Fixez-vous comme objectif de trouver et d'approcher au moins un partenaire de coopération potentiel par mois.

2. Être un « réseauteur »

Si vous voyez une opportunité de réunir deux personnes de votre réseau qui peuvent bénéficier l'une de l'autre, faites-le.

Lorsque les deux personnes se mettent en réseau et s'entraident, vous vous souviendrez toujours que vous avez été la « source du succès ».

Un tel acte favorisera également le pouvoir de réciprocité, principe de base de l'action humaine.

Fixez-vous comme objectif de trouver deux personnes par mois dans votre réseau qui pourraient bénéficier d'une certaine manière d'être mises en relation.

Interagir (susciter l'engagement)

Quel est le rapport entre l'engagement sur LinkedIn et le social selling ?

Voici trois éléments essentiels qui, grâce à votre engagement, vous aideront à attirer comme un aimant les « bonnes » personnes dans votre réseau, à accroître votre expertise et à solidifier la confiance de votre communauté.

1. L'intentions et les objectifs

Vous devez connaître et comprendre les intentions et les objectifs de votre public cible pour réussir à véritablement accroître votre expertise, votre crédibilité et votre confiance. Vous devez connaître et comprendre leur « pourquoi ».

Les gens peuvent rapidement sentir et saisir quand votre intention et votre engagement à faire le bien sont sincères.

Ce sont les personnes que vous attirez comme un aimant et qui achètent volontiers chez vous.

Si vous ne comprenez pas vous-même « vos cibles », votre public cible ne vous comprendra pas non plus. Vos messages seront considérés comme manquant d'authenticité, ce qui limitera considérablement votre capacité à établir un lien de confiance et à générer des ventes.

2. Le temps et la patience

La constance exige un engagement dans le temps.

C'est la même chose pour nous tous : nous n'avons que 24 heures dans notre journée. Vous devez donc déterminer exactement le temps que vous pouvez consacrer chaque jour, chaque semaine et chaque mois aux mesures que vous avez choisies.

Soyez réaliste.

Il est préférable de prévoir trop de temps que pas assez dans votre planning éditorial. Car le plus important est de respecter le plan en permanence.

Certes, au début, il vous faudra plus de temps pour mettre en œuvre les activités de social selling présentées dans ce livre. Mais après quelques semaines, une fois que vous vous serez habitué au rythme et que vous vous sentirez plus confiant, tout se déroulera beaucoup plus efficacement et facilement pour vous (ou pour votre équipe).

3. Le lien de confiance

Les gens vous feront confiance s'ils savent que vous pouvez leur apporter la solution dont ils ont besoin et que vous vous souciez d'eux ou de leur entreprise.

Peu importe vos compétences, si les gens découvrent que vous ne vous souciez pas de votre communauté, ils ne voudront plus faire affaire avec vous.

L'étape suivante pour accroître votre expertise, votre crédibilité et votre confiance consiste à construire votre preuve sociale de client à client.

La preuve sociale

La preuve sociale est l'un des facteurs d'influence les plus importants auxquels les gens ont recours lorsqu'ils décident avec qui faire des affaires.

Les gens regardent ce que les autres ont fait avant de prendre eux-mêmes une décision. C'est pourquoi l'influence des avis, des témoignages et des recommandations est devenue si puissante dans le marketing en ligne.

La théorie de la preuve sociale (*Social Proof Theory*)" du psychologue et auteur Robert Cialdini affirme qu'une personne qui ne sait pas quel est le bon comportement à adopter dans une situation donnée se tournera vers d'autres pour imiter ce qu'ils font ou ont fait.

Pour dire les choses simplement, la preuve sociale nous aide à prendre des décisions lorsque nous sommes incertains. Ces décisions sont basées sur des expériences que d'autres avant nous ont faites par le passé.

Les gens ont tendance à fonder leurs décisions sur les réactions de leurs pairs. Personne ne veut être un « cobaye ».

Montrez votre preuve sociale

Détaillons les différents types de preuves sociales qui accroîtront votre expertise, votre crédibilité et votre confiance.

1. Les rapports de terrain

La forme la plus importante de preuve sociale est le témoignage de vos clients actuels. Ils doivent être affichés en évidence sur votre page d'accueil LinkedIn et sur votre site web.

Des études montrent que 92 % des gens font confiance à une recommandation d'un collègue et que 70 % des gens font même confiance à une recommandation d'une personne qu'ils ne connaissent pas.

Cela comprend les témoignages écrits et les témoignages vidéo.

Si vous partagez des témoignages écrits, il est avantageux d'ajouter au texte une photo de la personne qui a donné le témoignage (demandez toujours la permission à cette personne au préalable).

Bien qu'un témoignage écrit ait une certaine valeur, vous devriez inclure des témoignages vidéo dans votre stratégie de preuve sociale chaque fois que cela est possible. Les témoignages visuels ont toujours un effet plus convaincant sur un client potentiel que du texte ou des images.

De nombreuses études scientifiques montrent que les vidéos, avec leur énergie dans les images en mouvement, captent plus fortement la confiance et l'attention du spectateur et, surtout, la retiennent longtemps.

2. Les études de cas

Une étude de cas bien gérée et écrite qui décrit succinctement le parcours de votre client et le succès de votre produit ou de votre service est une fabuleuse preuve sociale.

Comme nous croyons davantage aux exemples individuels, les histoires individuelles sont plus convaincantes et plus fiables que des statistiques.

En substance, l'histoire de votre client avec une fin heureuse réussie inspire une grande confiance en vous en tant que personne et crée un lien magnétique avec votre produit ou votre service.

Un autre avantage est que les études de cas, bien que souvent rédigées dans un style plus long et plus formel, sont considérées comme plus sérieuses par les clients potentiels. Les études de cas sont assimilées à des preuves d'expertise et des preuves sociales élevées.

3. Les recommandations de LinkedIn

Demandez aux clients satisfaits qui vous ont déjà fourni un témoignage s'ils seraient également prêts à partager leur témoignage sous la forme d'une recommandation LinkedIn.

Les recommandations des clients (et d'autres collègues et employés) affichées sur LinkedIn peuvent avoir une grande influence sur les prospects potentiels. Surtout si ces recommandations comprennent des détails sur votre expertise et sur la manière dont vous avez pu aider vos clients.

L'avantage des recommandations LinkedIn par rapport aux témoignages sur votre page d'accueil LinkedIn est qu'il y a un lien cliquable vers le profil de la personne qui vous a recommandé. Cela confirme que la recommandation provient d'une vraie personne et non d'une fausse (comme c'est si souvent le cas sur les sites web des entreprises).

4. La portée sociale

Votre portée sociale comprend le nombre de personnes qui vous suivent sur LinkedIn et d'autres plateformes de réseaux sociaux. La qualité de votre contenu est directement liée à la taille de votre portée sociale.

Plus votre contenu est bon, plus les gens vous suivront et verront ce que vous partagez. Votre portée sociale peut également être mesurée par le degré d'engagement que vous recevez (sous la forme d'appréciations, de commentaires et d'échanges) pour le contenu que vous publiez. N'oubliez pas d'utiliser les hashtags.

Construire la confiance en ligne

Comme nous l'avons appris dans les chapitres précédents, l'un des moyens les plus importants de renforcer l'expertise, la crédibilité et la confiance est d'apporter constamment une valeur ajoutée et d'en faire profiter vos clients potentiels.

Grâce à ce processus, vous allez bien au-delà de la simple vente d'un produit ou d'un service et vous vous établissez comme un expert dans votre domaine. C'est la clé pour vous différencier de vos concurrents et devenir le numéro un dans l'esprit de vos clients potentiels (sensibilisation Top of Mind).

En faisant partie de la conversation au début du « voyage de votre acheteur », vous permettez à votre public cible d'apprendre à vous connaître, à vous faire confiance, et ainsi de construire la relation.

Cela signifie que si vous avez établi une base de confiance et montré que vous comprenez leurs problèmes et leurs défis et que vous pouvez les aider à les résoudre, ils viendront vous voir et seront également plus réceptifs à l'achat.

Par rapport aux considérations économiques telles que le prix ou le retour sur investissement (ROI), la confiance s'avère être le facteur le plus important pour conclure une affaire. Cela ne changera jamais. Les gens veulent toujours faire des affaires avec des personnes en qui ils ont confiance.

Donnez vos connaissances selon le « principe du bikini ».

Pour réussir véritablement dans les domaines de l'expertise, de la crédibilité et de la confiance, vous devez être prêt à partager vos connaissances avec vos clients idéaux et avec votre communauté gratuitement.

Et pas seulement une partie, mais la quasi totalité.

En donnant vos meilleures informations, vous vous positionnez comme une entité digne de confiance et serez en tête de liste dès que quelqu'un sera intéressé par ce que vous avez à offrir.

Maintenant, vous pensez peut-être :

« Si je donne mon savoir gratuitement, que me restera-t-il à vendre ? »

Réponse :

« Votre offre et vous. »

Mais comment cela est-il censé fonctionner ?

Personnellement, je donne toujours mes connaissances selon le « principe du bikini ». Cette métaphore vient de Sean D'Souza de www.Psychotactics.com et l'image du bikini explique parfaitement le principe.

Un bikini ne couvre généralement que quelques centimètres de peau. Une grande partie du corps est visible de tous. Ce qui est caché sous le bikini, en revanche, n'est accessible qu'à un « public » sélectionné.

C'est ainsi qu'il doit en être avec votre contenu. La majorité de votre contenu doit être librement accessible, tandis qu'une petite partie n'est réservée qu'à un public particulier : vos clients payants.

D'accord, pratiquement tout.

Et combien coûte « pratiquement tout » ?

Personnellement, je suis le principe de Pareto de 80/20. Je donne 80 % gratuitement, et le prospect doit payer les 20 % restants. Bien sûr, on ne peut pas le mesurer avec autant de précision. Ainsi, vous pouvez également vous fixer une règle de 90/10 ou de 70/30. Pas de problème : c'est bien aussi.

Ce qui compte vraiment

La partie libre doit être attrayante. Aussi séduisante qu'un bikini. Si la partie libre n'est pas assez séduisante, alors vous n'attirerez pas l'attention pour les 20 % restants. Et donc, vous ne gagnerez pas d'argent.

Pourquoi vous gagnez encore des clients payants

À ce stade, vous vous demandez si les gens sont prêts à dépenser de l'argent pour seulement 20 % d'une la solution totale qu'ils n'ont pas encore reçu ?

Oui, ils le sont. Et comment !

Pourquoi ? Trois raisons :

1. L'avantage de la confiance

Comme nous l'avons longuement expliqué, les gens n'achètent pas aux entreprises, ils achètent à d'autres personnes. Pour qu'un client puisse réserver votre service ou acheter votre produit, il doit vous faire confiance. Avec vos 80 % de contenu gratuit, vous gagnez sa confiance.

Si un concurrent vous propose maintenant une offre similaire ou identique à la vôtre, auprès de qui pensez-vous que le client potentiel achètera ? Auprès de vous ou de la personne qui n'a pas donné au préalable un contenu et une valeur ajoutée à la solution à son problème ?

2. Les résultats à l'avance

Les gens veulent des résultats. Des résultats rapides. Et de préférence à l'avance. Et si vous résolvez déjà certains de leurs problèmes avec votre contenu gratuit, dans quelle mesure pensez-vous qu'ils seront ouverts à l'achat de la solution ultime ? Exactement : très ouverts.

Pourquoi ?

Parce que vous avez déjà prouvé, avec votre contenu gratuit, que vous comprenez le problème de votre client idéal et que vos approches pour le résoudre fonctionnent. Vous avez prouvé que votre offre sera la solution ultime pour obtenir pleinement la situation souhaitée par le client.

Les gens oublient les publicités. Mais les gens n'oublient jamais qui les a aidé dans le besoin.

3. Le format

En fait, aujourd'hui, vous pouvez trouver une réponse à toute question gratuitement sur Internet. Néanmoins, les gens achètent des livres, des cours, du coaching, des séminaires et bien d'autres choses encore.

Pourquoi ?

C'est à cause du format.

Lorsque vous regroupez des contenus dans un « ensemble significatif », vous ne fournissez pas seulement des informations au lecteur, mais vous lui faites également gagner du temps et vous lui offrez sécurité et commodité. Il est beaucoup plus pratique d'acheter, de lire et de mettre en œuvre un livre sur un sujet que de chercher laborieusement 43 articles différents sur Internet.

Conclusion

La question du contenu, gratuit ou non, concerne quelque chose de beaucoup plus profond que la simple structure des prix. Il s'agit d'un principe fondamental important : donner d'abord. Ensuite seulement, vous pouvez prendre.

Aujourd'hui, en tant qu'indépendant, entrepreneur ou décideur, vous devez vous lancer dans la « performance avancée ». Vous devez vous inspirer de votre contenu gratuit à 80 % et fournir des preuves initiales dans la résolution de problèmes.

Si vous ne le faites pas, vous vous noierez dans la mer des concurrents et serez pratiquement inexistant pour vos clients idéaux.

Les gens comparent beaucoup plus aujourd'hui qu'il y a quelques années. Si vous voulez vous démarquer de vos concurrents, vous devez vous en tenir au principe du bikini.

Le ratio que vous fixez n'a pas d'importance. Que ce soit 80/20, 70/30 ou 90/10, cela n'a pas d'importance. Ce qui est important, c'est que la partie gratuite du contenu soit équipée de solutions fonctionnelles, de sorte que le client potentiel puisse déjà obtenir les premiers résultats avant d'acheter votre offre. Si tel est le cas, il sera prêt à payer le « prix fort » que vous fixez pour les pourcentages restants.

Trois types d'acheteurs + un

Avec le principe du bikini, vous constaterez que vous attirez souvent comme un aimant les **trois types d'acheteurs** suivants, quelle que soit votre offre et quel que soit le prix que vous demandez. Et si quelqu'un n'achète pas, c'était très probablement le **type « bricoleur »**.

Voici la clarification sur chacun des **trois types d'acheteurs + un**.

Type d'acheteur 1 : la personne qui ne peut pas se débrouiller seule

Le premier type d'acheteur a peu de connaissances dans votre domaine et *ne parvient pas à* résoudre son problème tout *seul*. Il est tout à fait disposé à payer pour les services d'un expert.

Type d'acheteur 2 : la personne qui veut arriver à destination plus rapidement

Le deuxième type d'acheteur a une connaissance assez approfondie de votre domaine et pourrait peut-être aussi résoudre le problème lui-même.

Cependant, il veut se concentrer sur ses tâches et compétences essentielles et en même temps atteindre son *objectif plus rapidement.* Il est tout à fait disposé à payer pour les services d'un expert.

Le type d'acheteur 3 : la personne qui veut reproduire un système qui a fait ses preuves.

Le troisième type d'acheteur a peu de connaissances dans votre domaine, mais est prêt à apprendre d'un expert ayant un *système éprouvé* sous sa direction et veut être *guidé pas à pas* dans le processus de mise en œuvre. Il est tout à fait disposé à payer pour les services d'un expert.

Le « bricoleur »

Cependant, vous rencontrerez aussi des bricoleurs qui n'ont pas les moyens de payer vos services ou qui aiment simplement relever le défi de trouver eux-mêmes la solution.

Les bricoleurs ne paieront jamais pour vos services ou vos produits, quel que soit le prix de votre offre. Mais ils consommeront et apprécieront votre contenu "gratuit" afin que vous partagiez à votre tour votre générosité avec leur réseau personnel (principe de réciprocité).

Cela signifie que votre réseau va s'étendre grâce aux bricoleurs en gagnant de nouveaux clients potentiels, comme il s'étendra avec les trois types d'acheteurs mentionnés ci-dessus.

En résumé :

- Ne cessez jamais de rester fidèle à votre stratégie de contenu. Il peut arriver que vos efforts quotidiens ne reflètent pas le rapport 1:1 dans votre portefeuille. Mais ne vous découragez pas et ne vous empêchez pas de poursuivre ce que vous avez commencé.

- Oui, le dicton « le contenu est roi » est juste. Mais la qualité est plus importante que la quantité. Quelles que soient les mesures que vous choisissez, concentrez-vous toujours sur la qualité de votre travail.

- Faites quelque chose parce que vous aimez le faire et non pas principalement pour attirer l'attention ou gagner de l'argent. Votre premier objectif est d'être satisfait de ce que vous faites. Car si vous n'êtes pas heureux de le faire, il sera difficile de rendre les autres heureux en le faisant.

- La mise en réseau et l'établissement de relations avec vos clients idéaux sont essentiels.

- Montrez toujours votre personnalité authentique et suivez votre cœur.

- Dans la mesure du possible, transformez les relations en ligne en relations hors ligne. C'est hors ligne que la magie se produit et que l'argent circule.

CHAPITRE DIX
COMMENT CRÉER VOTRE PLAN D'ACTION DE SOCIAL SELLING

Vous êtes maintenant prêt à mettre en pratique tout ce que vous avez appris dans ce livre pour générer de nouveaux prospects, clients et ventes avec LinkedIn.

Il y a beaucoup de choses que vous pourriez faire parallèlement à vos activités sur LinkedIn, mais beaucoup d'entre elles sont une perte de temps et ne produisent pas de retour sur investissement (*Return On Investment* ou *Return On Impact*) positif.

Pour réussir sur LinkedIn, il faut un plan concret avec une liste précise d'activités à réaliser.

Il est prouvé que les personnes ou les entreprises se développent 5 fois plus vite avec un plan rédigé. Mais lorsque vous rédigez un plan LinkedIn, vous devez savoir quelles sont les activités de social selling spécifiques et pourquoi elles sont essentielles.

Vous intégrerez ensuite chacune de ces activités dans votre plan d'action et vous vous engagerez à les mettre en œuvre.

Les actions clés de ce plan consistent en les cinq étapes de la méthode DASKY, qui sont les activités les plus bénéfiques à développer de façon régulière. Dans le cadre de votre plan d'action sur LinkedIn, examinons maintenant les activités spécifiques. Certaines doivent être effectuées quotidiennement, d'autres chaque semaine et d'autres encore selon vos besoins.

Activités quotidiennes de social selling

Activité 1 : rechercher et trouver des clients potentiels

Comme nous l'avons appris, l'étape 1 de la méthode DASKY il est important de déterminer votre public cible de clients idéaux à atteindre chaque jour. Le nombre de leads que vous souhaitez générer dépend de vos objectifs de vente et de revenus.

Ma recommandation : cinq à dix leads par jour.

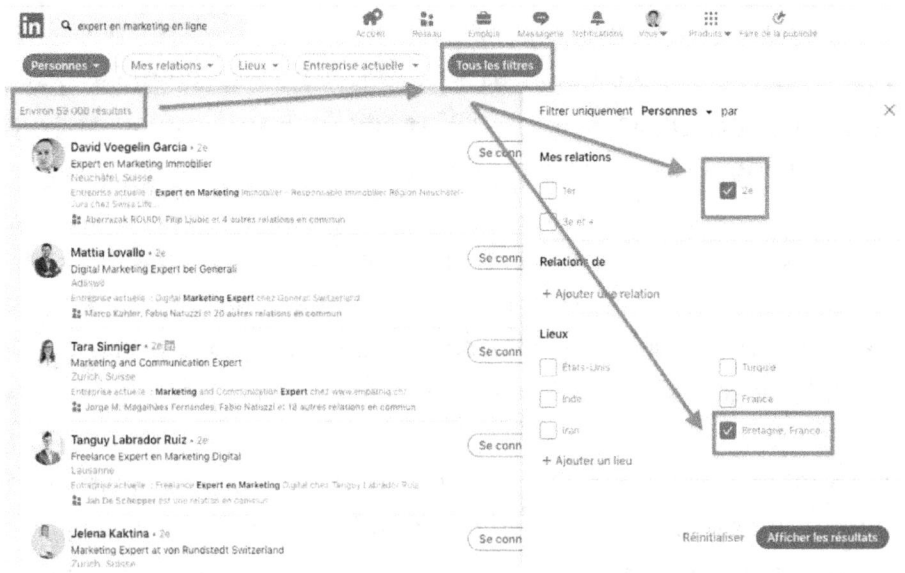

Le nombre de prospects que vous contactez pour générer des leads dépend également du temps que vous êtes prêt à consacrer à ce processus d'acquisition. Vous ne pouvez peut-être vous engager que 30 minutes par jour.

Il est possible que vous trouviez que cela vaut la peine d'y consacrer 60 minutes par jour, car il y a une corrélation directe avec le nombre de nouveaux clients et le nombre de prospects que vous contactez. Prendre une décision claire et en assurer le suivi de façon continue.

Activité 2 : envoyer des demandes de contact

Dans l'étape 2 de la méthode DASKY, vous avez trouvé vos clients potentiels. Vous pouvez maintenant leur envoyer une demande de contact personnalisée.

Pour étendre votre réseau, connectez-vous avec d'autres personnes que vous connaissez ou que vous avez rencontrées récemment. Il peut s'agir de clients existants, de spécialistes de l'industrie, de fournisseurs, de partenaires, etc.

Il est particulièrement important que vous envoyiez immédiatement des demandes de contact personnalisé aux personnes que vous avez récemment rencontrées, car elles se souviennent encore de vous. Votre demande de contact sera acceptée plus rapidement.

Par exemple, si vous venez d'assister à un salon, un événement ou une conférence et que vous avez rencontré des personnes avec lesquelles vous souhaitez rester en contact, envoyez-leur une demande de contact personnalisée.

Dans votre message personnalisé, mentionnez que vous avez aimé les rencontrer ou faire leur connaissance durant tel salon, événement ou conférence.

Si ces personnes peuvent également devenir des clients potentiels, passez alors aux étapes 3 à 5 de la méthode DASKY.

Exploiter les relations avec les clients existants

Votre liste de clients actuelle constitue une excellente occasion de commencer à développer votre réseau LinkedIn.

Voici sept façons de tirer le meilleur parti de vos relations avec vos clients les plus vendeurs sur LinkedIn :

1. Connectez-vous aussi avec vos clients existants sur LinkedIn

2. Suivez également (si possible) les pages de vos clients sur leurs entreprises
3. Aimez, commentez et partagez leurs posts, à condition qu'ils soient pertinents
4. Entrez également en contact avec les autres membres de votre entreprise via LinkedIn
5. Soyez attentifs à leur contenu, à leurs activités et à leurs mises à jour, et cherchez des moyens de rester en contact de manière significative
6. Construisez des relations concrètes hors ligne
7. Consultez les contacts LinkedIn de vos clients actuels. Beaucoup d'entre eux pourraient également être des clients idéaux pour vous.

Activité 3 : envoyer un message de bienvenue aux nouveaux contacts

L'étape 3 de la méthode DASKY consiste à envoyer un message de bienvenue aux nouveaux clients potentiels après qu'ils ont accepté votre demande de contact personnalisé. Pour ce faire, utilisez le modèle que vous avez créé au chapitre six et personnalisez-le avant de l'envoyer.

Si vous avez plus d'un public cible, vous pouvez créer plusieurs modèles comme message de bienvenue. Plus le message est pertinent pour votre public cible, plus il est susceptible de déclencher une réaction positive. Votre objectif est de construire une relation et d'entamer un dialogue.

Pour être beaucoup plus efficace dans ce processus, préparez tous vos modèles en un seul document, mais n'oubliez jamais de personnaliser le message avant de l'envoyer.

Activité 4 : accepter les nouvelles demandes de contact

Au fur et à mesure que votre présence sur LinkedIn se développera, de plus en plus de personnes voudront également entrer en contact avec vous. Souvent, vos prospects idéaux vous enverront eux-mêmes une demande de contact parce qu'ils ont trouvé votre profil LinkedIn en recherchant une solution adaptée à leur problème.

Toutefois, avant d'accepter, examinez toujours les profils des demandes de contact que vous recevez. S'ils entrent dans la catégorie des clients idéaux, suivez les étapes 3 à 5 de la méthode DASKY. Sinon, ignorez ces demandes de contact.

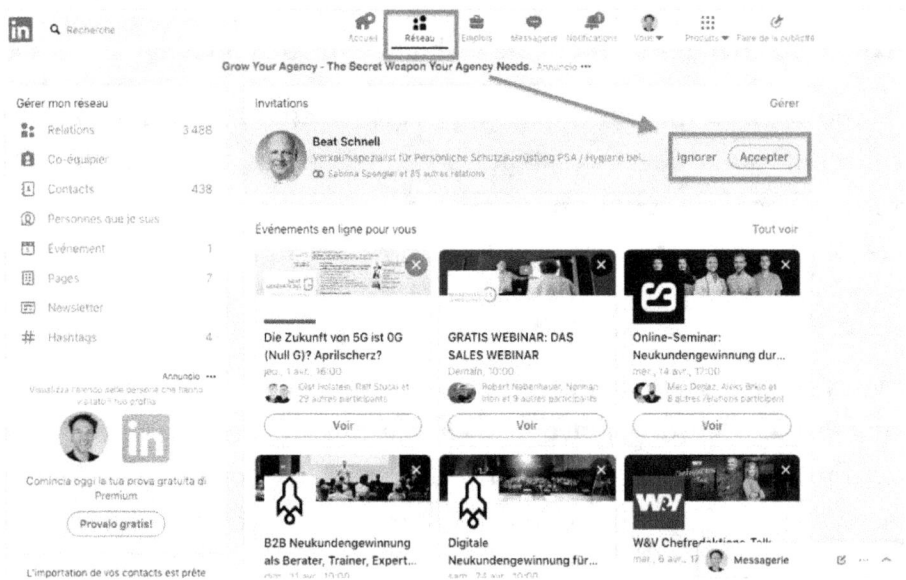

Activité 5 : envoyer des messages pour établir des relations

À l'étape 4 de la méthode DASKY, vous envoyez un message de renforcement des relations destiné à apporter une valeur ajoutée à vos nouveaux contacts.

Utilisez le modèle que vous avez créé au chapitre six et personnalisez-le pour accroître son efficacité. Assurez-vous que chaque élément de contenu est pertinent à 100 % pour votre client potentiel. Gardez une trace de l'endroit où se trouve chaque contact dans la séquence de messages de la méthode DASKY.

Si un échange de texte entre vous et votre prospect commence avant le prochain message de la séquence, faites référence au message précédent et modifiez le message suivant que vous envoyez. Heureusement, LinkedIn permet de suivre facilement les messages envoyés avec vos contacts en faisant défiler le flux de messages. Recherchez et vérifiez toujours votre dernier message avant d'envoyer le message suivant de la séquence.

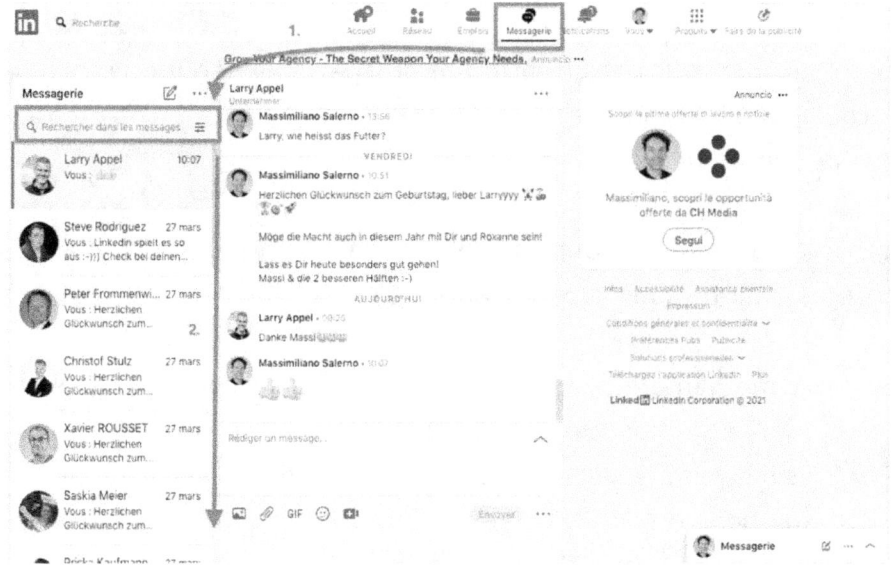

Activité 6 : envoyer un message et rechercher une conversation hors ligne

Après avoir envoyé votre message de renforcement des relations à l'étape 4 de la méthode DASKY, passez à l'étape 5 (l'étape finale et cruciale !). L'objectif consiste à faire passer l'échange personnel d'en ligne à hors ligne.

Les trois scénarios suivants peuvent se produire :

- Si votre client potentiel répond positivement à votre message, vous pouvez commencer à planifier la conversation hors ligne et vous préparer à conclure la vente.

- Les clients potentiels qui sont plus susceptibles de réagir négativement, en revanche, doivent être retirés de votre liste.

- Ceux qui ne répondent pas du tout sont susceptibles de vous recontacter au cours des trois prochains mois.

Tous ceux que vous pensiez être des prospects au début du processus d'acquisition n'appartiendront pas en fin de compte à votre groupe cible de clients idéaux.

Voici quelques raisons pour lesquelles certains prospects ne veulent pas (encore) avoir de conversations hors ligne :

- Le moment (le timing) n'est pas (encore) propice
- Ils n'ont pas besoin de votre offre
- Ils ne sont actuellement pas en mesure d'investir dans votre solution

- Ils ont actuellement d'autres priorités personnelles ou professionnelles
- Ils ont besoin de plus de temps pour ressentir votre expertise et votre crédibilité et vous faire davantage confiance
- Vos modèles de texte sauvegardés doivent être révisés car ils ne résonnent pas ou ne suscitent pas suffisamment d'intérêt

Activité 7 : répondre rapidement aux réactions et aux réponses

Il faut répondre aux messages quotidiennement. Ce sont les messages qui vous permettront de nouer des relations et de mieux connaître vos futurs clients.

Si vous pouvez être moins formel avec les personnes que vous connaissez bien, vous communiquerez différemment avec les prospects qui ne vous connaissent pas (bien). Veillez à ce que vos commentaires et vos réponses soient toujours rédigés de manière professionnelle.

Activité 8 : vérifier qui a consulté votre profil

Lorsque les gens ont consulté votre profil LinkedIn, cela vous donne la possibilité d'entrer en contact avec eux.

Comme indiqué au chapitre quatre, la nétiquette LinkedIn, je vous recommande de ne pas commencer votre demande de contact en disant : « *J'ai vu que vous avez regardé mon profil* ».

Contactez ces personnes en envoyant un de vos messages personnalisés comme demande de contact après avoir fait quelques recherches.

Avec un compte de base LinkedIn gratuit, vous ne verrez que les cinq dernières personnes qui ont consulté votre profil. Si vous avez un compte Premium payant, en revanche, vous verrez toutes les personnes qui ont consulté votre profil LinkedIn au cours des 90 derniers jours.

Activité 9 : faire des mises à jour quotidiennes de la situation

Si vous souhaitez sérieusement générer des leads et vous positionner en tant qu'expert sur LinkedIn, publiez une mise à jour du statut quotidienne, au minimum.

Vos contacts LinkedIn verront toujours les mises à jour de votre statut directement dans leur flux d'informations. En publiant des contenus de valeur et des idées perspicaces, vous vous hisserez au fil du temps au sommet de la liste de votre réseau, ce qui augmentera régulièrement votre expertise et votre crédibilité.

Si vous tenez un blog, publiez une mise à jour de votre statut de LinkedIn à chaque fois que vous avez écrit un article sur votre blog.

Postez sur LinkedIn le lien de l'article du blog avec un commentaire pertinent.

Comme indiqué au chapitre sept sur le content marketing, vous pouvez également publier des articles et des ressources provenant d'autres experts.

Toutefois, avec cette stratégie, n'oubliez pas d'ajouter votre point de vue personnel sur le contenu de l'expert en commentaire.

Activité 10 : vérifier votre page d'activité

Les interactions (l'engagement) sont un élément essentiel pour établir des relations et attirer de nouveaux clients. Si l'un de vos contacts LinkedIn prend le temps de lire votre contenu et vous répond par écrit avec un commentaire, il est important que vous lui fournissiez un retour professionnel.

Lorsqu'un contact apprécie, commente ou partage votre message, c'est l'occasion idéale de le remercier et d'entamer un échange personnel.

Lorsque vos contacts « 1er degré » apprécient, commentent ou partagent vos mises à jour de statut, vos contacts « 2ème degré » voient également votre contenu et ont la possibilité de vous connaître et de s'engager avec vous et votre contenu.

Lorsque vous voyez des contacts de 2ème et 3ème degré interagir avec votre contenu, cet événement déclencheur leur donne une autre occasion de venir vers vous avec une demande de contact personnalisée.

Activités hebdomadaires de social selling

Activité 1 : le pipeline des perspectives

Il est particulièrement important de maintenir votre « pipeline de prospects », car vous avez déjà fait le travail et ils sont désormais passés d'un contact froid à un contact chaud.

L'objectif est d'apporter de la valeur à ces perspectives tout en continuant à leur fournir un contenu perspicace et de qualité.

Par exemple, si vous tombez sur un article que vous souhaitez partager directement avec un prospect potentiel, vous pouvez le faire dans l'article en cliquant sur le bouton « partager ». Personnalisez chacun de vos messages au prospect, comme d'habitude, avant de l'envoyer.

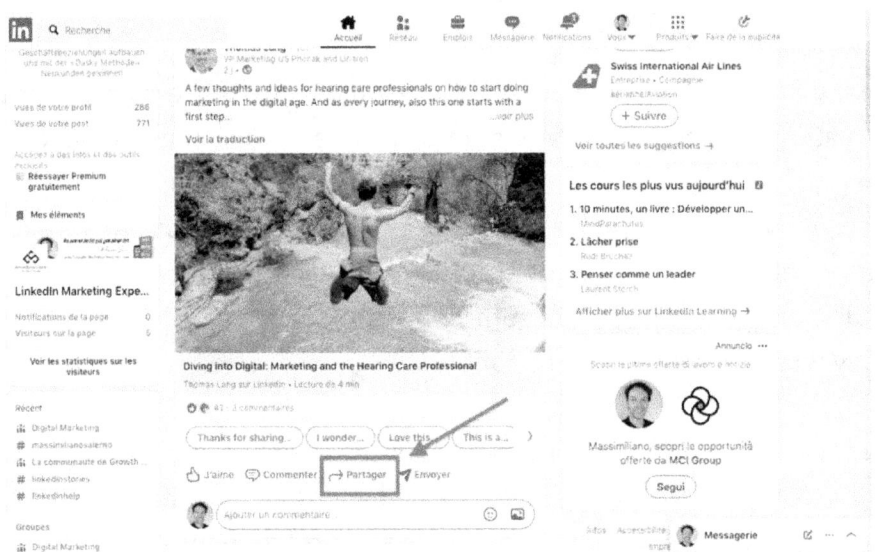

Activité 2 : la publication d'articles sur LinkedIn avec des #hashtags

Comme nous l'avons découvert, en plus de poster du contenu sur votre blog, vous pouvez également poster du contenu dans le flux d'informations de LinkedIn.

En fait, le flux d'informations de LinkedIn vous fournit votre propre plateforme de publication, qui est similaire à un blog et peut étendre votre portée bien au-delà de votre réseau personnel grâce à vos cinq #hashtags les plus importants.

Vos messages apparaîtront dans votre boîte d'activités, seront partagés avec vos contacts 1er degré dans le flux d'informations de leur page d'accueil et seront diffusés plus largement par le biais de #hashtags.

Si vous avez un blog, je vous recommande de publier les articles les plus populaires et les plus pertinents de votre blog dans le flux d'informations LinkedIn avec les #hashtags.

Activité 3 : la demande de recommandations

Une autre façon d'élargir votre réseau et d'établir des liens potentiels avec de nouveaux contacts est de vous faire présenter par un contact mutuel.

Chaque semaine, vous devriez consulter vos contacts LinkedIn 2ème degré pour trouver des prospects potentiels. Recherchez et parcourez les profils LinkedIn de ces prospects potentiels afin de voir avec qui vous voulez entrer en contact et qui est le contact mutuel.

Lorsque vous trouvez quelqu'un avec qui vous voulez vous connecter sur LinkedIn, demandez à votre contact mutuel de vous recommander. Nous avons examiné tous les détails du processus étape par étape au chapitre six.

CHAPITRE ONZE
L'ARGENT À METTRE EN ŒUVRE DANS

LE PLAN D'ACTION DE SOCIAL SELLING

Nous avons discuté de toutes les activités spécifiques et très efficaces qui font partie de votre plan d'action social selling. Il est maintenant temps de consigner toutes ces actions par écrit dans un plan d'action afin que vous (ou votre équipe) puissiez y travailler en permanence, sur une base quotidienne ou hebdomadaire.

Ce plan d'action est nécessaire pour mettre en œuvre vos objectifs de génération de prospects. À ce stade, vous devez être parfaitement clair sur quelles actions entreprendre et la fréquence à laquelle les mettre en œuvre. En disposant de ce plan d'action écrit, vous serez plus efficace et vous générerez une réserve constante de prospects, avec des leads et, en fin de compte, de nouveaux clients pour votre entreprise.

La documentation de votre plan d'action social selling

L'objectif principal que vous devez fixer dans votre plan d'action est le nombre de clients potentiels avec lesquels vous souhaitez établir un réseau sur LinkedIn chaque jour.

Décidez ensuite du temps que vous pouvez consacrer chaque jour à cet objectif. Qu'il s'agisse de 30, 45, 60 minutes ou plus, l'important est de le faire « en continu ». Car plus vous êtes régulier, meilleurs seront vos résultats.

Ensuite, vous devez transformer votre liste d'actions et d'activités en un plan d'action social selling.

- Tout d'abord, créez un document qui comprend *toutes les activités* dont nous avons discuté et qui sont énumérées au chapitre neuf.

- Dressez maintenant la liste des activités en fonction de la *fréquence* à laquelle vous les ferez. Il est préférable de les indiquer dans l'ordre chronologique : d'abord les actions quotidiennes, puis hebdomadaires.

- Dressez à présent la liste de chacune des activités par ordre d'*importance*, les tâches prioritaires se trouvant en tête de liste.

C'EST FAIT ?
BIEN ! IMPRIMEZ VOTRE PLAN D'ACTION, MAINTENANT !

Ne laissez pas votre plan d'action LinkedIn prendre la poussière dans votre ordinateur comme n'importe quel autre document.

Imprimez-le et affichez-le dans un endroit visible pour que chacun puisse le voir et que les tâches soient exécutées par tous au quotidien.

La création de votre plan d'action social selling

Votre plan d'action social selling doit être créé en fonction de votre disponibilité. Par exemple, vous pouvez transformer la tâche « trouver des clients potentiels et envoyer des demandes de contact personnalisées », qui devrait être effectuée *quotidiennement*, en une tâche *hebdomadaire*.

Au lieu d'envoyer dix messages par jour à des prospects potentiels, vous pouvez effectuer cette tâche une fois par semaine et envoyer cinquante messages en une journée. L'important est de travailler «en continu » sur l'objectif que vous vous êtes fixé.

De plus, créez un planning éditorial pour la stratégie de contenu qui comprend les dates exactes et les tâches que vous devrez effectuer pour rechercher, créer, éditer et publier du contenu. Soyez précis dans le planning éditorial et soyez réaliste quant à ce que vous voulez engager comme actions pour les trois à six mois à venir.

L'exécution de votre plan d'action social selling

Plus les activités et les jours convenus pour l'exécution de ces tâches seront précis, plus il est probable que vous les exécutiez de manière continue. Il est important que vous vous engagiez à suivre votre plan d'action.

Au début de votre « voyage LinkedIn », vérifiez **une fois par mois** les portions de votre plan d'action vous avez effectivement mises en œuvre et adaptez-le si nécessaire à votre disponibilité.

Si vous êtes habituellement occupé avec des clients existants toute la journée du mardi, il est possible que vous ayez uniquement le temps de vous connecter à LinkedIn pour répondre aux messages reçus et pour donner votre avis sur les commentaires que les lecteurs ont laissés sous vos messages.

En outre, vous devez revoir votre plan d'action tous les 90 jours pour voir s'il faut augmenter le nombre de clients potentiels avec lesquels vous vous connectez afin d'atteindre ou de dépasser les objectifs de recettes que vous vous êtes fixés.

Note

Si vous commencez votre plan d'action à partir de zéro aujourd'hui, notez toujours rapidement le temps qu'il vous a fallu pour accomplir chaque tâche afin de pouvoir améliorer continuellement l'efficacité de votre stratégie de content marketing et de votre plan d'action de social selling.

Ces notes vous aideront à mieux planifier et gérer votre temps et vos activités.

Vous constaterez avec le temps qu'à mesure que vous serez plus compétent et confiant dans l'exécution de votre plan d'action social selling, nombreuses seront les activités qui vous prendront moins de temps.

Continuez à tester ce qui fonctionne et ce qui ne fonctionne pas pour vous et adaptez votre emploi du temps en fonction.

Mesurer ce qui compte avec les KPI (les indicateurs de performance).

Pour vous aider à comprendre ce que sont les KPI dès le départ, en voici la définition :

Dans le domaine de la gestion d'entreprise, le terme « indicateur clé de performance » (KPI) ou « mesure de la performance » fait référence à des mesures qui peuvent être utilisées pour mesurer et/ou déterminer les progrès ou le degré de réalisation par rapport à des objectifs importants ou des facteurs de succès critiques au sein d'une organisation. Source : Wikipedia

Les KPI se traduisent donc par les résultats que vous souhaitez obtenir avec vos activités de social selling. Si vous travaillez avec un temps et une énergie constante chaque jour, je suis sûr que vous obtiendrez des résultats définissables et mesurables.

Mais votre succès final exige que vous répondiez d'abord à ces deux questions :

1. Quels sont les résultats que j'attends des activités de social selling ?
2. Ai-je accès aux données qui soutiennent ces résultats pour assurer le succès ?

Souvenez-vous :

« On ne peut pas améliorer ce que l'on ne peut pas mesurer. »

Mesurer les chiffres-clés

Il existe un large éventail de mesures de social selling que vous devriez suivre :

- Le nombre de leads générés par les activités de social selling
- Le nombre d'appels passés hors ligne
- La valeur quantitative du pipeline de vente du social selling
- La valeur quantitative des fermetures de ventes dues au social selling
- Les recettes et profits des activités de social selling
- Le nombre de vues des articles ou contenus publiés
- Le nombre d'interactions par contenu partagé (goûts, commentaires, partages)
- Le nombre de visiteurs de votre site web qui proviennent de LinkedIn
- L'augmentation de la taille de votre réseau LinkedIn (contacts, followers)

Si d'autres indicateurs de performance clés sont importants pour vous, incluez-les dans la liste que vous souhaitez suivre et mesurer.

Créez maintenant votre liste d'indicateurs de performance clés.

Pour commencer à mettre en œuvre votre plan d'action social selling, il n'y a pas de meilleur moment que maintenant !

Suivez continuellement vos activités jusqu'à ce que vos processus soient parfaits, afin que des résultats spécifiques et tangibles puissent être mesurés semaine après semaine.

CHAPITRE DOUZE
LE « ROI » DU SOCIAL SELLING SUR LINKEDIN

Le social selling fonctionne. Non pas parce que c'est une mode de persuader votre public cible avec votre message marketing, mais parce qu'il est basé sur nos besoins humains : créer la confiance et établir des relations.

Le social selling est un processus continu. Comme toute relation, il faut du temps et des marques d'attention. L'avantage de cette stratégie de marketing est qu'une fois que les prospects sont prêts à acheter, vous vous êtes déjà positionné comme l'expert qu'ils apprécient et en qui ils ont confiance.

Grâce à vos activités de social selling vous vous êtes imposé comme le premier choix dans leur esprit.

Mais n'oubliez pas qu'avant de commencer le processus de social selling sur LinkedIn, votre profil doit être rédigé dans la « langue » de vos clients idéaux et parfaitement optimisé avec les quinze conseils évoqués précédemment.

En suivant les étapes décrites dans chaque chapitre de ce livre, vous serez assuré d'obtenir un retour sur investissement qualitatif et quantitatif qui vaut vraiment plus que le temps investi.

Éviter ces erreurs

Avec ce dernier chapitre, c'est le bon moment pour vous faire part également des erreurs que vous devez éviter à tout prix et qui pourraient réduire considérablement votre retour sur investissement. Voici les erreurs qui vous empêchent de réussir dans le social selling.

La règle de la peur

Les particuliers et les entreprises ont souvent peur d'investir dans quoi que ce soit car leurs investissements antérieurs en matière de marketing en ligne n'ont souvent pas porté leurs fruits.

Par exemple, parce que des stratégies comme le SEO (optimisation pour les moteurs de recherche) ne génèrent pas de leads significatifs en un clic de souris en raison des changements constants d'algorithme des grands acteurs, il est plus sûr pour eux d'éviter les risques et de se rabattre sur les méthodes de marketing classiques comme les appels à froid plutôt que le social selling.

L'absence de structure pour votre content marketing

Les entreprises ne disposent souvent pas d'une stratégie de content marketing qui leur permette de gagner la confiance de clients potentiels. La situation est encore pire lorsque l'équipe marketing travaille de manière indépendante et détachée de l'équipe commerciale.

Par conséquent, l'équipe marketing produit souvent un contenu qui ne peut être utilisé par l'équipe commerciale dans le processus de social selling.

L'échec du changement de paradigmes

Avec Internet, les modèles de vente ont radicalement changé au cours de ces dix dernières années. Un bon exemple est la traditionnelle vente par téléphone : nous avons vu que 90 % des décideurs ne répondent plus à ce type de vente.

Les acheteurs d'aujourd'hui sont connectés numériquement, engagés socialement et utilisent leur téléphone pour presque tout. Le rôle primordial de la vente est d'établir la confiance et les relations d'affaires. Avant d'acheter, les clients potentiels doivent être convaincus que votre offre et vous constituez la bonne solution à leur problème.

L'absence d'un réseau solide

Les indépendants, les entrepreneurs et les décideurs ne sont souvent plus en mesure de constituer un réseau solide avec des prospects et des clients de manière traditionnelle.

Vous collectionnez les cartes de visite de vos rencontres lors de salons et d'événements comme des trophès, mais après, vous ne savez pas comment en tirer de véritables relations d'affaires.

Il est important de s'engager auprès de vos prospects et de leur fournir une pléthore de valeur ajoutée sous forme de contenu, par exemple.

La communication auprès des mauvaises personnes

Sur les réseaux sociaux, vous pouvez interagir avec les gens toute la journée et pourtant ne jamais interagir avec les bonnes personnes.

Évitez cette erreur de social selling en définissant clairement à l'avance qui sont vos clients idéaux, ce que vous voulez leur offrir et votre « pourquoi ».

L'accent mis sur la mauvaise plateforme sociale

Peut-être avez-vous dépensé du temps et de l'argent sur d'autres réseaux sociaux comme Facebook, Instagram et YouTube avec un succès mitigé et vous n'avez pas réalisé le potentiel de LinkedIn jusqu'à présent.

Si vous proposez un produit ou un service, il n'existe actuellement pas de meilleur réseau commercial social pour communiquer avec des clients potentiels que LinkedIn.

Le filtre « Qu'est-ce que j'y gagne ? »

Lorsqu'ils sont associés à votre offre ou vous, vos clients potentiels ne pensent qu'à travers un seul filtre : « qu'est-ce que j'y gagne ? ».

Dans toutes vos activités, continuez à répondre à cette question dans la « langue » de vos clients potentiels et vous vendrez 10 fois plus que vos concurrents.

Le retour sur investissement du social selling

Près de 64 % des professionnels de la vente affirment que le social selling est devenu l'une des clés du succès pour conclure des affaires.

En ce qui concerne le social selling, les chiffres sont impressionnants :

- Selon une enquête de LinkedIn, 90 % des meilleurs vendeurs utilisent le social selling.

- Dans le même temps, les ventes traditionnelles par téléphone ont un taux de réussite de seulement 2,5 %.
- Plus de 60 % des professionnels de la vente qui n'utilisent pas les plateformes sociales comme LinkedIn ne parviennent pas à atteindre leurs objectifs mensuels et annuels.
- Près de 55 % des acheteurs recherchent dans les réseaux sociaux des solutions possibles à leur problème.

Pour les propriétaires d'entreprises établies, ainsi que pour les débutants, le social selling sur LinkedIn ne peut plus être ignoré comme stratégie d'acquisition de nouveaux clients.

Attirer l'acheteur numérique de nos jours ne peut plus se faire uniquement avec des brochures, des prospectus, des annonces dans les journaux, des stands dans les salons professionnels ou des ventes traditionnelles par téléphone.

Le nouveau modèle de vente consiste à partager des contenus de valeur qui intéressent votre acheteur et à mener une stratégie directe comme la méthode DASKY sur LinkedIn pour la génération de prospects et l'acquisition de clients.

Le retour sur investissement du social selling est toujours positif, pour autant qu'il soit correctement mis en œuvre.

Mais un autre avantage qui n'est souvent pas pris en compte dans les mesures est que le social selling accélère le processus de vente en ligne afin d'être réalisé plus rapidement hors ligne.

Résumé

Comme mentionné dans l'objectif de ce livre, je voudrais terminer ces dernières pages par quelques conseils " pratiques. Les deux plus importantes idées sur lesquelles vous devriez vous concentrer sont les suivantes :

Établir des relations <u>et</u> créer un contenu de qualité.

Ces thèmes représentent le passage de l'ancien au nouveau modèle de distribution et la transformation numérique qui en résulte.

L'interaction ainsi que l'établissement et le maintien de relations sont essentiels. Il n'est plus acceptable d'entrer en contact avec un prospect sur LinkedIn et de l'inviter à une visite de vente sur-le-champ.

Faites preuve de plus de patience et suivez simplement les étapes et le calendrier précis dont nous avons parlé au chapitre cinq avec la méthode DASKY.

Et n'oubliez pas :

L'état d'esprit dans votre conversation commerciale doit passer de « *Que puis-je vous vendre* » à « *Comment puis-je vous aider ?* » Cela signifie que pour connaître les clients potentiels et comprendre comment les servir au mieux et répondre à leurs besoins, vous devez investir du temps et de l'énergie.

Le vieux principe de base selon lequel les gens « *achètent à ceux qu'ils connaissent, qu'ils apprécient et en qui ils ont confiance* » n'a jamais été aussi pertinent.

Le contenu et en particulier les vidéos sont plus importants que jamais. Vos acheteurs potentiels sont en ligne et font des recherches avant même de vous parler. Il est nécessaire de produire un contenu de haute qualité qui informe vos clients potentiels.

Il doit y avoir un ROI (retour sur investissement) clair pour chaque projet de social selling et toutes les entreprises doivent être en mesure de relier leurs activités sur les réseaux sociaux à leurs revenus.

Les ventes et les recettes, et non le nombre de contacts ou de followers, sont les seuls paramètres que vous devez vérifier en tant que chef d'entreprise lorsqu'il s'agit de social et de content marketing.

Pour ce faire, vous devez mesurer en permanence votre retour sur investissement et les indicateurs de performance clés (KPI) que vous souhaitez suivre.

Ce n'est que de cette manière que vous verrez ce qui fonctionne, ce qui doit être ajusté et quand vous obtenez un retour sur investissement significatif pour le temps que vous avez investi. Cela vous motivera à exécuter en permanence votre plan d'action de social selling.

J'espère vivement qu'avec ce livre, je vous ai donné le pouvoir d'utiliser correctement LinkedIn pour le social selling et que j'ai présenté les étapes d'une manière qui soit facile à comprendre et à suivre pour vous.

Mon souhait est que vous mettiez en œuvre ce que vous avez appris dans ce livre et que vous constatiez une différence significative de retour sur investissement dans vos efforts de marketing et de vente.

Et par retour sur investissement, j'entends à la fois retour sur investissement et retour sur impact.

Si ce livre vous a inspiré et vous a aidé à vous rapprocher de vos objectifs personnels et professionnels, j'attends avec impatience vos **critiques sur Amazon** ou les recommandations personnelles sur **LinkedIn**, **Facebook** ou **Instagram** que vous me donnerez.

Je me réjouis de vous rencontrer. Restez en bonne santé !

Massimiliano Salerno

Massimiliano Salerno
www.Salerno-Consulting.com

P.S.
Et comme mentionné au début du livre, si vous envisagez une consultation gratuite de 30 minutes sur le positionnement, la génération de prospects ou l'acquisition de nouveaux clients, n'hésitez pas à consulter mon agenda pour un rendez-vous personnel.

Pour consulter le calendrier des rendez-vous, cliquez ici :
www.Massimiliano-Salerno.com

À propos de l'auteur

Massimiliano Salerno soutient les cadres, les entrepreneurs, les consultants, les coachs, les formateurs et les prestataires de services dans des sessions de coaching 1:1 dans les domaines de la génération de prospects, de l'image de marque personnelle, du positionnement de sous-niche, de la génération de leads et de l'acquisition de nouveaux clients.

Ses nombreuses années d'expérience sur le terrain en tant que commercial et stratège font aujourd'hui de lui un interlocuteur compétent à qui on demande souvent son avis d'expert avant de prendre des décisions importantes.

Sa perception rapide des situations lui permet de saisir les besoins de ses clients en quelques minutes et de leur proposer des solutions appropriées, et fait de lui un coach et un consultant très apprécié.

Si vous êtes également convaincu de cette voie et que vous souhaitez utiliser ce potentiel pour votre entreprise, veuillez-vous inscrire sur **www.Massimiliano-Salerno.com** pour une discussion potentielle non contraignante et vous apprenez comment vous aussi pouvez mettre en œuvre avec succès votre situation avec ce système.

Remerciements

Pour les suggestions de contenu et les apports constructifs, merci à mon camarade de football Martin Liebrich. En fait, tu as pris le temps de lire mes premiers pas d'écrivain. Et puis tu m'as expliqué précisément, en quelques mots, où il fallait saupoudrer davantage de « sel et de poivre ». Merci Martin.

Karin. Oh Karin. Un grand merci également à Karin Schmid, qui a non seulement corrigé la version finale du livre *picco bello*, mais qui, en tant qu'architecte indépendante et donc acheteuse potentielle, m'a montré où se trouvaient les « pour et les contre » du contenu du livre, m'aidant ainsi à y mettre la dernière main. Merci Karin !

Je remercie tout particulièrement ma compagne de vie, Fadrina Christen, qui, après la mort de notre chien Mano, a connu des hauts et des bas pendant cette période de deuil très émouvante. Néanmoins, pendant la rédaction de cet ouvrage, tu étais toujours à mes côtés avec le bon mot au bon moment et tu m'encourageais toujours à laisser ma plume danser. Merci beaucoup pour cela. Et bien sûr, un grand « *grazie mille* » pour la création de toutes les images et tous les graphiques de ce livre. Merci !

Enfin et surtout, merci à tous ceux qui m'ont écouté, supporté et soutenu cette année. « Que la force soit avec vous, jedis ! »

Copyright © 2021

Massimiliano Salerno
Unter Rain 10
CH-4416 Bubendorf
www.Salerno-Consulting.com

Clause de non-responsabilité

L'auteur se réserve le droit de ne pas être responsable de l'actualité, de l'exactitude, de l'exhaustivité ou de la qualité des informations fournies. Tout le contenu de ce livre a été compilé avec soin et en toute conscience. Il reflète les opinions et les expériences personnelles de l'auteur.

L'auteur n'assume donc aucune responsabilité juridique pour tout dommage causé par d'éventuelles erreurs ou une mauvaise application et ne prétend pas à l'exactitude juridique ou à l'exhaustivité du contenu. La mise en œuvre est expressément à vos propres risques.

Il n'y a aucune garantie que tout conduira exactement aux mêmes résultats pour chaque lecteur.

Cette œuvre est protégée par le droit d'auteur

Tous les droits, y compris ceux de traduction, de réimpression et de reproduction de l'œuvre ou de parties de celle-ci, sont réservés. Aucune partie de cet ouvrage ne peut être reproduite sous quelque forme que ce soit (photocopie, microfilm ou tout autre procédé) ni traitée, dupliquée ou distribuée à l'aide de systèmes électroniques sans l'autorisation écrite de l'éditeur, même à des fins pédagogiques.

La reproduction de noms communs, de noms commerciaux, de désignations de produits, etc. dans cet ouvrage, même sans identification particulière, ne justifie pas l'hypothèse selon laquelle ces noms seraient considérés comme libres au sens de la législation sur la protection des marques et des noms commerciaux et peuvent donc être utilisés par n'importe qui.

Malgré une relecture minutieuse, des erreurs peuvent se glisser. L'auteur et l'éditeur sont donc reconnaissants pour tout commentaire à cet égard. Toute responsabilité est exclue, tous droits réservés.

Mentions légales

1ère édition 2021
Tous droits réservés

Réimpression, même partielle, interdite.
Aucune partie de cet ouvrage ne peut être reproduite, dupliquée ou distribuée sous quelque forme que ce soit sans l'autorisation écrite de l'auteur.

Contact :

Massimiliano Salerno
Unter Rain 10
CH-4416 Bubendorf

www.Massimiliano-Salerno.com
www.Salerno-Consulting.com

Auteur : Massimiliano Salerno
Relectrice : Céline Villier
Image de couverture : Sam Cadosch
Images et graphiques : Fadrina Christen

Autres sources d'images : **www.LinkedIn.com** et **www.statista.com**

www.ingramcontent.com/pod-product-compliance
Lightning Source LLC
Chambersburg PA
CBHW052348220526
45465CB00003BA/1005